Alibaba Group

阿里巴巴管理法

戚风◎编著

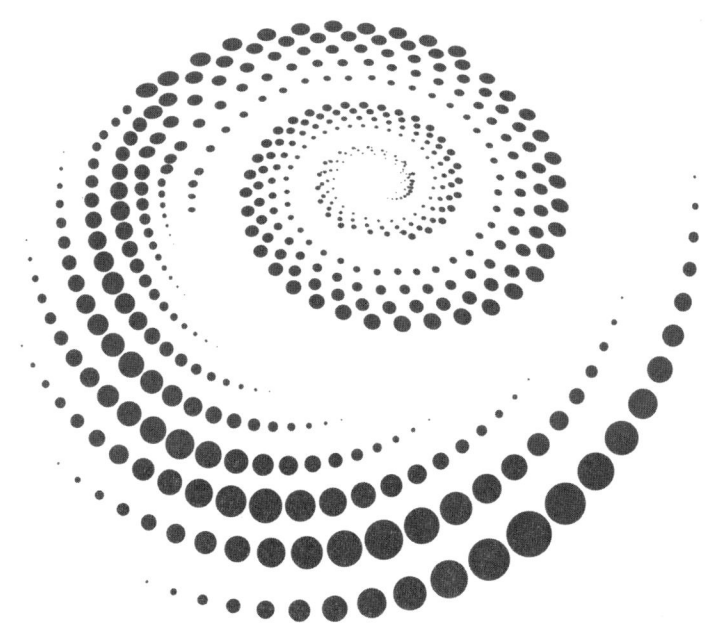

古吴轩出版社
中国·苏州

图书在版编目（CIP）数据

阿里巴巴管理法 / 戚风编著. -- 苏州：古吴轩出版社，2019.9
ISBN 978-7-5546-1412-9

Ⅰ.①阿… Ⅱ.①戚… Ⅲ.①电子商务－商业企业管理－中国 Ⅳ.①F724.6

中国版本图书馆CIP数据核字（2019）第200978号

责任编辑：蒋丽华
见习编辑：顾　熙
策　　划：花　火　曾柯杰
装帧设计：尧丽设计

书　　名：阿里巴巴管理法
编 著 者：戚　风
出版发行：古吴轩出版社
　　　　　地　址：苏州市十梓街458号　　邮编：215006
　　　　　Http：// www.guwuxuancbs.com　　E-mail：gwxcbs@126.com
　　　　　电话：0512-65233679　　传真：0512-65220750
出 版 人：钱经纬
印　　刷：天宇万达印刷有限公司
开　　本：670×950　　1 / 16
印　　张：14
版　　次：2019年9月第1版　　第1次印刷
书　　号：ISBN 978-7-5546-1412-9
定　　价：49.80元

如有印装质量问题，请与印刷厂联系：0318-5302229

2018年9月10日，阿里巴巴集团主要创始人马云对外宣布，将于2019年9月10日卸任阿里巴巴董事局主席，届时将由阿里巴巴现任CEO（首席执行官）张勇接任。

马云的一番声明，引起了人们的热议："离开了阿里巴巴，马云将何去何从？"就连俄罗斯总统普京，也充满好奇。对此，马云给出的解释是："总统先生，我不年轻了，昨天刚好在俄罗斯过了54岁生日。我创业19年，做了一些事，但还有更多热爱的事想做，比如教育和公益。""48岁之前，工作是我的生活。以后，生活将是我的工作。"

同样引起关注的，还有阿里巴巴未来的发展。"接班人"问题历来是人们关注的热点，因为它关系着企业的兴衰。作为阿里巴巴的主要创始人，马云身上总是有一种独特的魅力，吸引了众多人才的聚集，也让大众啧啧称奇。人们不禁要问："后马云时代，阿里巴巴将何去何从？"

对于这个问题，华为公司的总裁任正非先生有过一番精彩的评述，他说："公司的命运不能系于个人，通过制度交接班，才能确保公司'以客户为中心，为客户创造价值'的共同价值得到切实的守护与长久的传承。"

马云在建设阿里巴巴时，遵循的是同样的理念，阿里巴巴不能做粗放式管理，而是要走现代化管理的道路，用科学的方法管理人员。

在战略方面，阿里巴巴在创立之初就确立了明确的目标——解决社会问题，做一家伟大的公司。马云曾说："永远不把赚钱作为公司的第一目标。"马云认为，人只有先把自己变成一个有用的人，才能获得相应的地位和报酬，企业也一样。在他看来，阿里巴巴是一家服务型企业，因此阿里巴巴的职责应当是为社会排忧解难，为人们的生活提供便利，这就是阿里巴巴存在的价值。

阿里巴巴秉承"客户第一，员工第二，股东第三"的理念，致力于为客户提供优质的服务。阿里巴巴是和客户共同成长起来的，正是由于全球广大消费者群体的支持，阿里巴巴才成就了商业神话。如果离开了消费者群体的支持，那么阿里巴巴就离失败不远了。

有了明确的战略，还得有强大的执行力。阿里巴巴的执行力非常强，决策制定出来以后，所有成员都必须全力以赴，"立刻、现在、马上去做"，不允许有任何借口和拖延。超高的执行力，帮助阿里巴巴打造出一支百战百胜的"阿里铁军"，使阿里顺利登上电商领域的顶峰。

阿里巴巴的用人方式不拘一格，只要能力足够，适合某个岗位，就可以获得该职位。马云不是一个唯学历论的人，他经常告诫人们，高学历不一定有高能力，理论必须与实践相结合。因此，阿里巴巴对人才的管理相当严格，除了有严格的规章制度以外，还要对他们进行价值观考核，以确保阿里巴巴的初心能够一直传递下去。

与此同时，阿里巴巴提倡快乐工作。马云不认为工作应该是辛苦的，相反，他认为人应该从工作中获得快乐。他说："我特别讨厌认真工作的人。工作不要太认真，工作快乐就行，因为只有快乐能让你创新，认真只会（有）更多的压力、更多的埋怨、更多的抱怨，真正把自己变成机器。"

曾有一位记者在参观完阿里巴巴之后，给出了这样的评价："如果你见到阿里巴巴的员工，你一定会惊叹于他们对组织的热爱，他们的梦想与坚持。你会发现，无论他们的职位、层级如何，都有一种共同的精神，这种精神不同于任何洗脑式培训带来的短期效果，而是一种长期共同奋斗沉淀下来的信仰。"

因此，可以预见的是，阿里巴巴不会因为马云的离开而陷入一片混乱，其优秀的管理制度和企业文化将会确保所有的员工各司其职，阿里人仍会在"让天底下没有难做的生意"的价值观的感召下，为了向客户提供更好的服务而努力奋斗。而阿里巴巴的管理方法，将会成为企业管理领域的经典案例，值得所有人学习。

第一章
战略管理：发扬务实精神，在变化中求生存

解决社会问题，做一家伟大的公司　　　　　　002
未来要用小而美的理念服务社会　　　　　　　005
先站稳脚跟，再寻求发展　　　　　　　　　　009
积极变阵，迎接新时代的挑战　　　　　　　　012
改变市场上现有的游戏规则　　　　　　　　　016
结盟与合作才是"王道"　　　　　　　　　　020

第二章
执行管理：三流的点子加上一流的执行

没有执行力，再好的想法也没用　　　　　　　026
先树立明确的目标，再全力以赴　　　　　　　029
将资源集中在一个关键点上　　　　　　　　　032
立刻、现在、马上去做　　　　　　　　　　　035
三流的点子加上一流的执行　　　　　　　　　038
把握执行力的速度、尺度和力度　　　　　　　041

第三章
客户管理：始终坚持客户第一

客户利益是企业价值的唯一源泉　　　　　　046
要想赚钱，得先让客户赚钱　　　　　　　　049
深入了解客户的真正需求　　　　　　　　　052
始终坚持为客户提供优质服务　　　　　　　055
帮助客户，不靠"输血"靠"造血"　　　　058

第四章
人才管理：好的人才一定是培养、磨炼出来的

招最优秀的不如招最合适的　　　　　　　　064
员工选择一家企业是要找幸福感　　　　　　067
善用股权激励，把钱投资在员工身上　　　　070
让每一位阿里人都带着快乐工作　　　　　　073
尽量不从竞争对手那里挖人　　　　　　　　076
严格培训为阿里注入"新鲜血液"　　　　　079

第五章
团队管理：团体作战，打造一流的"阿里铁军"

靠团队打天下，不靠个人英雄	086
唐僧师徒是最好的创业团队	090
"大中台+小前台"的组织模式	093
"管理三板斧"化解内部管理危机	096
"政委体系"保证团队的战斗力	100
轮岗制：以更高的视角看问题	103
合伙人制度：将价值观延续下去	106

第六章
营销管理：既要追求结果，也要注重过程

营销的最高境界是传播品牌文化	112
将免费策略变成营销的撒手锏	116
全域营销，打通线上线下一体化	120
新国货营销解码新零售	123
自我营销也是一门技术活	127

第七章
绩效管理：价值观占50%，业绩占50%

没有KPI，所有的理想都是空话　　　　　　　　132

按"271原则"划分人才的层级　　　　　　　　135

末位淘汰制激发企业战斗力　　　　　　　　　138

坚决淘汰"野狗"和"小白兔"　　　　　　　　141

双轨制确保人才结构的多样化　　　　　　　　144

生活也要有KPI考核　　　　　　　　　　　　147

第八章
文化管理：其他都可以谈判，价值观不能谈判

价值观是阿里的核心竞争力　　　　　　　　　152

违反诚信就要接受惩罚　　　　　　　　　　　155

让天底下没有难做的生意　　　　　　　　　　159

做公益就是经营自己的人性　　　　　　　　　162

赋能女性，就是赋能未来　　　　　　　　　　165

给阿里巴巴披上武侠文化的外衣　　　　　　　168

从"独孤九剑"到"六脉神剑"　　　　　　　　171

第九章
创新管理：不懂得创新，只有死路一条

把创新放在最重要的位置	176
不要一味地模仿大企业	179
拥抱变化，未来是拼出来的	182
不能创造价值的创新没有任何意义	185
从"倒立"的角度重新看待问题	188
错误逼着我们不断创新	191

附录

马云在马来西亚吉隆坡"环球转型论坛"上的演讲　195

⏩ ▶ ▶ ▶ ▶

战略决定了企业的发展方向,是企业管理中最重要的一环。企业应当根据环境变化,从实际出发,制定相应的战略,并形成自己的核心竞争力,如此方能在竞争中取胜。阿里巴巴的战略十分清晰而明确:一方面坚持务实精神,通过解决社会问题来为社会提供优质服务;另一方面积极应对变化,迎接新时代的挑战。

第一章

战略管理：

发扬务实精神，在变化中求生存

解决社会问题,做一家伟大的公司

> 我们还期望阿里巴巴基础设施不仅帮助中国的企业,而且也会超越国界给全世界的企业带来增长。过去两年,我们也看到了一股全球化的逆流。但是我相信根源是在全球化自身的不完善。阿里巴巴思考和构建了作为未来商业文明筑基的五大基础设施:交易市场、支付、物流、云计算和大数据——服务于全世界中小企业和普通消费者的全球化。而我个人出任联合国特别顾问一职,和阿里巴巴推动e-WTP写入G20政策文件,仅是我们所做诸多努力之一。
>
> 阿里巴巴是一家为解决社会问题而生的公司。二十年后,我们希望能够服务全世界20亿消费者,赋能1000万家赢利的企业,创造一个亿的就业机会。这是一次新的、更艰难的开始。
>
> • 引自马云在2016年10月13日云栖大会上的讲话 •

1999年3月,35岁的马云辞去公职,带着东拼西凑来的50万元人民币,回到了家乡杭州,开了一家小网站。他为这个网站取名为阿里巴巴，灵感来自《阿里巴巴与四十大盗》。与他一起创业的还有17个人，在之后的岁月里，他们被称为"十八罗汉"。

对于未来，大家都很迷茫，不知道前方的道路该如何走下去，只有马云保持着非常清晰的头脑。他就像一名领航员，带领大家走出重重迷雾，向着目标不断前行。

对于做生意，马云有自己的理解，他曾说："永远不把赚钱作为公司的第一目标。"这句话让很多人难以理解，就连"十八罗汉"中的很多人，对此也是半信半疑。

马云认为："一个公司是不是伟大，不是看它赚了多少钱，而是看它有没有为社会解决问题。"

在马云的构想中，阿里巴巴就是一家为社会解决问题的公司。阿里巴巴应该具备赚钱的能力，但是绝不能在这个层面上停滞不前，阿里人的真正使命是善用技术创新的力量，让世界经济实现普惠共享，真正实现可持续发展。

因此我们会发现，阿里巴巴一路走来，始终引领潮流，向大众提供优质服务，为人们解决了各种生活上的难题，实现了消费领域的一次又一次革命。

1999年，阿里巴巴正式成立，不出售任何产品，而是扮演服务者的角色。阿里巴巴提供了一个线上的平台，让广大商家和客户即便相距千里，也能坐在电脑前完成购物。在那个线下经济为主、线上经济几乎为零的中国市场上，阿里巴巴是当之无愧的电子商务领导者。

2000年9月，阿里巴巴集团举办首届"西湖论剑"，汇聚互联网界的商业和意见领袖讨论业界重要议题。

2003年，阿里巴巴推出淘宝网，将线上市场进一步扩大，让普通人也能享受到线上购物的乐趣。很快，B2C电子商务的市场份额迅猛增长，短短几年之内就培养了大批用户，网上购物成为一股热潮。

2004年7月，淘宝网发布PC版通信软件阿里旺旺，解决了线上购物的交流问题，买家和卖家之间的交流变得更加方便，不再依赖QQ、MSN、电话等方式。

2004年12月，阿里巴巴推出支付宝，购物和交易有了更好的保障。

2007年，阿里巴巴宣布成立第五家子公司——阿里软件，正式进军企业商务软件领域。

2009年9月10日，成立阿里云计算，同时收购互联网基础服务供应商中国万网。

除此以外，阿里巴巴还将业务拓展到影视、娱乐、饮食、物流等多个领域，为制造、金融、政务、交通、医疗、电信、能源等众多领域的领军企业提供优质服务。

一路走来，阿里巴巴几乎把握住了每一次风口，推动中国社会向前发展，这也使得阿里巴巴在短短20年内，迅速成长为中国顶尖的互联网企业。在阿里巴巴的推动下，中国的电子商务领域有了长足的发展和进步，而阿里巴巴也成为中国对外的一张名片。

> **微语录**
>
> 一个伟大公司的终极使命不是赚钱，而是解决社会问题，促进社会的发展与进步。

未来要用小而美的理念服务社会

中国文化里面讲,宁为鸡头,不为凤尾,中国的文化、东方的文化,做小企业更有味道。未来的企业,小就是美,小和好更关键,更加灵活。

所以为了小而美,阿里决定全面推出"双百万"战略。何为"双百万"战略?我们将全力培养100万家年营业额过100万的网店。

有人说我想做10个亿,很好,我们支持你,为你鼓掌,但是我们的重头戏是帮助100万家。因为我们相信一个年营业额100万的小店,它有可能会请上两到三个人,这样我们就又能多解决三四个人的就业机会。

我们觉得企业做超级大,是一个变态,是不正常;做一般大是一个正常体系。就像人长得比姚明还高,就不正常,长得我这样的身材,也偏低一点,一般一米七几正常。

> 所以中国的企业,这种规模下是最有味道、最好的。只要你持久长,小企业因为你幸福,因为你好这口,你就会有不断的创新。
>
> • 引自马云2012年9月在网商大会上的演讲 •

在创业时,很多人总是喜欢追求宏伟的目标,希望有一天自己的名字能够出现在富豪榜单上,或者像京东或天猫那样,把销售额提升到一个令人吃惊的地步。但是在实际工作时,他们往往急功近利,盲目做出决定,最终的结果自然不尽如人意。

人们常说,创业是九死一生,要想活下来,必须有明确的目标、正确的方法,以及坚持不懈的努力。在互联网时代,商业环境已经发生了天翻地覆的变化,伟大的目标不再是唯一的选择,小而美也是很好的方向。

在互联网时代,第三方电子商务平台迅速崛起,人们即使足不出户,也可以轻松开店,这给了普通人更多的选择。于是,我们发现很多人在淘宝、天猫、京东等电商平台上开了一个个小型的网店。它们的规模不大,却各具特色,并且有许多店铺在激烈的市场竞争中仍然顽强地生存着。

相比于动辄拥有十余万员工的大型企业,小而美的模式有它自身的优点:

1. 小企业将带来更高的就业率

2009年,在阿里巴巴成立10周年时,马云对人们说,希望小而美模式可以为全世界带来"1亿个就业机会,1000万家企业,20亿消费者"。他认为，小而美模式在互联网时代更适合白手起家的人们。

"今后，选择去大企业的年轻人会越来越少，去特色企业、幸福企业、美的企业的人将会越来越多，在那里，他们能充分展现个性化特色和自我价值。我坚信，影响生态系统的关键因素不是狮子、大象，而是微生物。因此，影响中国经济未来的，不是企业有多大、大企业有多少，而是小企业有多好、小企业有多美、小企业多有特色。这才是国家经济的基础。中国解决就业，得靠小企业。因为，若再给国企增加两倍的员工，整个国企就会瘫痪掉。但若每个小企业增加一两个员工，就能解决很多就业。"

2. 小规模承担的风险更小

同大企业相比，小而美的店铺规模很小，资金量也不大，因此承担的风险很小。大平台往往需要花费巨额资金用于请明星代言、付广告费等，相比之下，小而美的运营费几乎可以忽略不计。因此，小而美有其天然的竞争优势。

同时，小而美的店铺能够利用大数据及时掌握市场信息，在遭遇危机时，可以尽快调整经营策略，尽量将损失降到最低。

3. 小企业没有大企业病，效率更高

虽然大企业实力更强，但是也容易出现机构臃肿、人浮于事的弊病。小企业则不用担心这个问题，因为小企业对员工的考核更为直观，也没有繁杂的流程，一切都是为了盈利，效率更高。

阿里巴巴用小而美的理念鼓舞了一大批想要创业的人，同时向他们提供了优质的服务，培养出了一批优秀的、富有特色的线上店铺。

> **微语录**
>
> 社会需要实力强大的大公司，也需要灵活多变的小公司，二者和谐共存，才能打造一个良好的商业生态环境。

先站稳脚跟，再寻求发展

> 大家要做正确的事，还有正确地做事，这是两个含义。首先要选择正确的方向，如果你方向选错了，你做得越对死得越快，所以我觉得我比较幸运，阿里巴巴选择了一个正确的方向——电子商务。
>
> 我觉得很多人都在讲第一桶金，我想给在座所有网商群体讲，网商群体一定要成为，也一定能成为世界上最诚信的商帮。为什么？我们没有办法线下见面，所有东西都靠诚信一点一滴建立起来，如果我没见过你，如果我要做生意，从几百万到上千万，必须一点点起来。
>
> 网商逐渐长大，最重要的是诚信，所以要做最正确的事情。网络大力投入诚信建设，做的过程当中不要寄希望一夜之间暴富。大家现在觉得阿里巴巴很有钱，马云你肯定很有钱，你别给我忽悠，我像你这样，我也正确地做事情了，我没有你那一桶金，所以我要先搞一桶金，搞了第一桶金自然会诚信的。不是这样的。
>
> · 引自2007年9月15日马云在第四届网商大会上的讲话 ·

阿里巴巴只用了短短几年时间，就迅速成长为一家大企业，在外人看来，这种成长速度简直不可思议。然而，只有阿里人自己知道，阿里巴巴的成长之路充满了艰辛。

最初，阿里巴巴还是一家小企业，和其他企业没什么区别，实力并不强大，缺乏足够的创新能力和管理能力，还要与eBay（易贝）、Amazon（亚马逊）等国际巨头竞争。要想在复杂的中国市场上生存下来，阿里巴巴必须找到清晰、合适的战略，以及明确的发展方向。

马云的战略很清晰，就是要先站稳脚跟，再寻求发展。如何才能站稳脚跟呢？他认为，阿里巴巴的起步时间太晚，在硬件方面肯定无法与国际巨头企业相比，因此只能从软件方面着手，利用独特的战略创新模式，在市场上占据一席之地。他说："美国人擅长硬件和系统，但是在信息和软件上，我们的脑子跟他们的一样灵光。有一天雅虎的股票会跌，eBay的股票会涨。或许等eBay的股票涨了，阿里巴巴的股票也会涨。"

马云对当时的中国市场进行了细致的分析，通过分析，他得出三个结论。

（1）选择网络购物的用户很少，大众对网购普遍不了解、不习惯，对卖家的信用还存有疑虑，这成为阻碍阿里巴巴发展的最重要因素。阿里巴巴准确地把握住了用户的这个痛点，推出了支付宝，买家先将钱付给支付宝，由支付宝进行保管，待买家确认收货以后，钱才会进入卖家的口袋。在当时，这是一项非常重要的举措，它在买家和卖家之间搭建起了一座信任的桥梁。

（2）勤俭节约是中国人的传统美德，所以在选择服务时，人们一定会多方比较。当时淘宝的主要竞争对手eBay一直采用收费模式，不仅交易成功要收取2%的手续费，上架一个商品也要收取费用。阿里巴巴果断推出免费服务，阿里巴巴平台上的基础服务对买卖双方免费开放，公司从在线广告和其他增值服务中挣钱，比如网店装修等。很快，这项举措就取得了效果，免费的口号吸引了很多用户，淘宝的市场份额也很快超过了eBay。

（3）人们在实体店购物时，通常都会和销售人员进行交流，但是网购给人们的交流造成了阻碍。当人们面对冷冰冰的电脑屏幕时，购物的欲望也随之降低了。因此，马云向员工们提出了一项要求：一定要提高用户的体验。很快，阿里巴巴的客服群就发生了巨大的转变，从冷冰冰的客服变成了热情卖萌的"小二"，一声声的"亲"，既不失优雅，又不乏俏皮。

综上所述，阿里巴巴采取了稳扎稳打的策略，先占领市场，慢慢积累实力，等时机成熟，再与对手展开贴身对打。短短几年，阿里巴巴就迅速成长起来，得以在复杂的市场中站稳脚跟。此后，阿里巴巴开始逐渐拓宽业务领域，引领中国的互联网零售。

> **微语录**
>
> 企业经营必须遵循客观的经济规律，由小到大逐步发展。假如步子迈得太大，企业很容易陷入危机。

积极变阵，迎接新时代的挑战

今天的世界是一个变化的世界，三十年以前我们谁都没想到今天会这样，谁都没想到中国会成为制造业大国，谁都没想到电脑会深入人心，谁都没想到互联网在中国发展得那么好，谁都没有想到淘宝会起来，谁都没想到网景会倒下，谁都没想到雅虎会有今天。

这是一个变化的世界，我们谁都没想到我们今天可以聚在这里，可以继续畅想未来。我跟大家都认为电脑够快，互联网还要快，很多人还没搞清楚什么是PC互联网，移动互联来了，我们还没搞清楚移动互联的时候，大数据时代又来了。

变化的时代是年轻人的时代，今天还有不少年轻人就像无数百度、Google（谷歌）、腾讯这样的公司，拿掉了很多机会。

十年以前我们看到无数个伟大的公司，我们曾经也迷茫过，我们还有机会吗？但是十年坚持、执着，我们走到了今天。假如不是一个变化的时代，在座所有年轻人轮不到你们，工业时代是论资排辈。

• 引自2013年5月马云卸任阿里巴巴CEO时的讲话 •

在互联网时代，商业竞争变得更加激烈，企业不得不面对随时可能出现的危机。在这种情况下，企业要想不被淘汰，就要灵活调整经营战略。

在2001年10月举办的第二届"西湖论剑"大会上，马云对当时的互联网行业进行了总结，认为和以往相比，市场充满了变化，必然会给一些企业带来危机。面对危机，企业不能等着危机过去，被动防御往往意味着被动认输。只有积极变阵，主动出击，坚持正确的战略，才有可能变危机为机遇。

在这一点上，阿里巴巴一直都做得很好。淘宝能够击败eBay，其中一个很重要的原因就是模式上的创新。eBay进入中国市场以后，仍旧延续原来的模式，却没有考虑到这种模式和中国市场的契合度。当时，电子商务还没有大规模普及，中国市场的成熟度也远远比不上美国市场，因此eBay始终局限于少数人之中，未能产生规模效应。

马云从创业之初就很重视了解市场，他深入各大城市的销售一线，因此他清楚地看到了这一点。他知道，阿里巴巴必须突破原有的模式，在商业模式上做出创新，才能符合中国市场的实际情况。因此我们会发现，阿里巴巴并未裹足不前，而是不断突破自己原有的模式。

阿里巴巴创立之初，其业务主要集中在B2B（Business to Business，即企业间电子商务）领域。

2003年，公司推出淘宝，开启C2C（Customer to Customer，即消费者间电子商务）模式。

2008年，推出面向中高端消费者的B2C（Business to Customer，即商对客电子商务模式）品牌商城，后来改名为"天猫"。

2013年，启动C2B（Customer to Business，即消费者驱动）战略，在聚划算的基础上分拆出聚定制……

支付宝最初只是淘宝网的一项服务，作为交易双方的第三方担保。后来，支付宝与各大银行签订战略合作，解决了网上交易的信用问题。同时，支付宝还将公用事业缴费、手机宽带充值、信用卡还款等日常事务整合起来，成为一站式生活服务入口，在为用户提供便利的同时，也让用户养成了数字支付的习惯。

多年以来，阿里巴巴持续拓展商业模式，在潜移默化影响国人消费习惯的同时，也改变了生产、批发、零售等整个产业链，大大提升了商业的协同效应。可以说，阿里巴巴的二十年，是一部不断变化、不断升级的企业成长史。

阿里巴巴之所以能够成功，是因为它对中国市场十分了解。虽然阿里巴巴不是第一家做电商的企业，却非常善于学习。马云凭借自己敏锐的战略眼光，成功地打开了中国市场，并且推动了电商在中国的发展，给社会带来了翻天覆地的变化。

与此同时，很多企业在市场出现巨变时仍然没有反应过来，他们过去曾经凭借一套战略模式获得成功，认为这种成功的方法可以一直使用下去，于是对眼前的危险视而不见。然而现实是残酷的，当市场趋势出现变化时，很多行业都会受到波及。那些因循守旧、未能及时做出改变的企业，终将会被市场淘汰。

> **微语录**
>
> 面对新时代的挑战,企业必须积极调整战略,方能走出阴霾,获得更好的发展。

改变市场上现有的游戏规则

> 过去30年的全球化,是发达国家和大企业为主导的全球化。过去的30年其实是6万家大企业决定了全世界70%左右的贸易游戏规则。这也导致今天全世界对贸易游戏规则的不满意。未来应该是600万,甚至6000万家企业,所有的年轻人可以参与(制定游戏规则)。所以接下来30年的全球化,应该要让剩下来的70%、80%的发展中国家中小企业进行全球化。未来的贸易不会是B to C(企业找市场),而是C to B(市场找企业)。未来是根据市场定制化;不是集装箱,而是包裹。贸易变了,贸易游戏规则也要变。新的贸易规则要让贸易更加简单、便利、现代、普惠。
>
> • 引自2019年1月12日马云在海南省人民政府企业家咨询会议成立大会上的讲话 •

2014年10月16日,马云在美国纽约接受了一份特殊的荣誉——亚洲年度改变游戏规则奖。对于马云来说,获得这个奖项可谓实至名归。很久之前,马云就给人留下了"不走寻常路"的印象。

1995年,还在杭州当老师的马云,受浙江省交通厅的委托,去美国催讨债务。结果很不顺利,马云一分钱也没要到。想到朋友在西雅图开了一家办事处,马云决定前去拜访。朋友的办公室很小,里面放着一张简陋的桌子,以及一台电脑。朋友告诉他这是互联网,马云问道:"互联网是什么?"朋友说,只要在电脑上输入信息,就能搜索到相关的产品,在网上什么都能找到。朋友让马云试试,马云说:"不用,我什么都不想搜,电脑在中国贵得不得了,弄坏了我可赔不起!"但是朋友却说没关系,鼓励他试一试。

从未接触过电脑的马云感到很新奇。在朋友的鼓励下,他在键盘上敲下了第一个单词——"啤酒",屏幕上显示出德国啤酒、美国啤酒、日本啤酒,但是没有中国啤酒。马云又打了第二个词——"中国",什么资料都没有显示。

这是马云第一次接触互联网领域。虽然他对电脑技术一窍不通,但是凭借着敏锐的嗅觉,他觉得市场上的游戏规则将会被互联网彻底改变。这件事给了马云很大的触动,他看到了中国在互联网技术方面的空白,也看到了一个潜在的商机。虽然此时的马云已经是杭州市优秀青年教师,但是看好互联网未来的他毅然决定创业。他对朋友说:"为什么不做点中国的东西?"说干就干,他们很快做出了一个简陋的网页,上面写着"我们有家翻译社",早上九点四十上线,中午就收到了六封E-mail(电子邮件),分别来自不同的国家,邮件上说这是他们看到的第一个中国网页。马云的脑海中诞生了一个想法,他决定和西雅图的朋友合作,回国创办一家公司,专门做互联网,并起名为中国黄页。

1997年，马云加盟对外贸易经济合作部成立的中国国际电子商务中心，参与开发了外经贸部的官方站点，以及后来的网上中国商品交易市场。在这个过程中，马云渐渐产生了一个想法：要用电子商务为中小企业服务。连网站的域名他都想好了——阿里巴巴。其灵感来源于著名故事《阿里巴巴与四十大盗》。马云认为，"阿里巴巴"这个名字很容易被人记住。

虽然对互联网技术一窍不通，但是在战略方面，马云看得很远。阿里巴巴的每一次战略部署，都是对现有游戏规则的突破。在20世纪末，市场上的潮流是做门户网站，许多门户网站一经推出，就立即在市场上火热起来，获得了巨额回报，其中包括雅虎、搜狐、新浪、网易等，而马云的目光却紧紧地锁定在电子商务上。

1999年，马云辞掉了原来的工作，回到了杭州，在湖畔花园的楼房里创立了阿里巴巴。马云说："从现在起，我们要做一件伟大的事情，我们的B2B将为互联网服务模式带来一次革命！"

2017年，在达沃斯论坛上，马云说："我们所骄傲的，不是我们挣了多少钱，而是我们具有多大的能量，我们可以使科技变得更有包容性，每一个小企业都可以使用，这是我的梦想。"

从1999年到2017年，前后相隔18年，在这18年时间里，阿里巴巴改变了中国市场，也改变了市场上的游戏规则。现在，电子商务已经深入寻常百姓家，成为市场的常态，这在以前是不可想象的。

> **微语录**
>
> 要想在市场上生存，就必须遵循市场的游戏规则，能够改变游戏规则的，往往只有伟大的公司才能做到。

结盟与合作才是"王道"

> 主持人：总统先生，如果一个贸易体系只限于一个公司的话，您怎么看？您觉得有没有问题？
>
> 保罗·卡加梅：现在所发生的事情是非常具有包容性的，而且它使得很多电商受惠。我看到中小企业从中大规模地受惠，得到好处，而且他们都很快地互通联网，直接与消费者挂钩联系，他们所获得的好处是巨大的。我们现在指的是几十万，今后肯定是几十亿，再往后，每个人都会充分利用这个商业渠道。虽然现在贸易体系围绕着一个公司进行，但是我从盈利的角度看，这些数字是巨大的，是前所未有的。如果其他公司也要做同样的事情，我也不担心，我主要是让我们的中小企业特别是微商能够通过销售几十万甚至几十亿获得好处。
>
> 马云：我首先要说我们不是单一的一个公司，我们有很多快递公司，所以不是我们一个公司，而且我们也有政府的支持。即便一个公司，如果能够解决青年人的就业问题，那有什么不可以呢？

> 首先我想说世界上并不是说一个公司能把所有的问题都解决，对于e-WTP来讲当时我们说这是我们愿景的时候，是我们的计划的时候，没有人相信，后来我们就让人参与。卢旺达是一个很重要的枢纽，总有一天人们能接受这个枢纽，而且他们能够接受这个概念，这是我们的一个梦想。
>
> • 引自2019年世界经济论坛年会上马云与卢旺达总统保罗·卡加梅的对话 •

马云相信，世界上没有哪家公司能够解决所有问题，企业必须走合作共赢的道路，因为合作能够实现资源共享，取长补短，将蛋糕做到最大，将风险降到最小。在市场竞争中，与其他企业进行结盟、合作，是很多企业的共同选择。

马云认为，开放精神是互联网企业的基因。在互联网时代，合作共赢才是趋势，才是"王道"。阿里巴巴的创立，靠的不是马云一个人的力量，而是"十八罗汉"的共同努力。

在市场上站稳脚跟以后，马云又开始寻找优秀的合作伙伴。2005年4月，马云经过慎重思考之后，最终决定让淘宝和搜狐公司结成战略联盟，双方共享用户群体，实现线上和线下的合作。这次结盟对于双方而言，都具有十分重大的意义。当时，门户网和拍卖网之间分别结盟，形成了对抗的阵势。新浪与雅虎联手，易趣和网易结盟，在这种情况下，淘宝和搜狐结盟是箭在弦上，不得不发。

当时，作为国内领先的门户网站，搜狐具有很高的影响力与公信力，旗下拥有国内用户量最大的搜狗输入法等客户端产品，是国内仅有的兼具客户端和搜索核心研发能力的互联网公司。而淘宝则是当时国内最大的个人交易网站，在同类网站中拥有很高的品牌优势。双方结盟之后，都从中获得了利益。首先，搜狐以其专业成熟的网络平台以及数以千万计的注册用户，为淘宝带来了庞大的流量。在搜狐的帮助下，淘宝的用户群体急速扩张，在市场上处于不败之地。其次，淘宝的加入也为搜狐带来了更多有趣的内容，为用户提供了更多的增值服务。因此，这是一个双赢的选择。

与搜狐的成功合作，让马云坚定了结盟的想法，他还以中国围棋和中国传统哲学举例。他说："一直以来，中国以开放的态度接纳外来文化，与世界接轨。中国人下围棋讲究共存，道、儒、释提倡修身养性，崇尚自然，说的是和谐。如道家的太极图，就深刻诠释了黑白交融、你中有我的思想。"应当说，这段话很好地阐释了企业和谐共存的理念。

此后，马云更加积极地寻找商业合作伙伴，促使阿里巴巴与多个企业或团队结盟。例如：

2006年11月22日，阿里巴巴与中国邮政宣布建立战略合作伙伴关系；

2008年7月8日，支付宝与巨人网络建立战略合作关系；

2013年12月9日，阿里巴巴与海尔集团宣布达成战略合作关系；

2015年8月11日，阿里巴巴与苏宁云商在南京共同宣布达成全面战略合作关系；

2018年8月18日，在2018世界人工智能大会倒计时30天发布会上，阿里巴巴集团成为大会首批战略合作伙伴；

2018年9月19日，在2018杭州云栖大会举行的生态峰会上，阿里云推出了"云合100"伙伴计划,希望支撑100+家核心伙伴在阿里云上实现营收超过1亿元……

通过贯彻合作共赢的理念,阿里巴巴在世界范围内与多家企业建立了紧密的合作关系,并且在短短数年之内,就成长为一家国际性的大企业。

> **微语录**
>
> 在今天,没有任何公司可以靠单干长期保持竞争优势。

⏩ ▶ ▶ ▶ ▶

光有好的想法，没有强大的执行力，最终肯定无法落实到地，获得实际成果。阿里巴巴团队素以战斗力强悍而出名，为此获得了"阿里铁军"的称号，这与阿里巴巴的执行管理是分不开的。马云说阿里巴巴是"一支执行队伍而非想法队伍"，他要求员工"立刻、现在、马上去做"。

第二章

执行管理:

三流的点子加上一流的执行

没有执行力,再好的想法也没用

1995年我发现互联网有一天它会改变人类,可以影响人类的方方面面,但是谁可以把它改变掉,它到底该怎么样影响人类?这些问题我在1995年没有想清楚,但是隐隐约约感觉到这是将来我想干的。所以,回来以后也非常的艰难,我请了24个朋友到我家里,大家坐在一起,我说我准备从大学里辞职,要做一个互联网,叫Internet,那个时候互联网不叫互联网,那个时候把它翻译成因特耐特,因为自己不懂技术,所以我花了将近两个小时来说服24个人,这是一个很有意思的事情。两个小时以内,我肯定没讲清楚什么是互联网,他们肯定也听得糊里糊涂。两个小时以后,大家投票表决,23个人反对,1个人支持,大家觉得这个东西肯定不靠谱,别去做那个,你电脑也不懂,而且根本不存在有这么一个网络。但是我经过一个晚上想了,第二天早上我决定我还是辞职去实现我自己的梦想。为什么是这样呢?我发现今天我回过来想,我看见很多游学的年轻人是晚上想千条路,早上起来走原路。晚上出门之前说

> 明天我将干这个事,第二天早上仍旧走自己原来的路线。如果你不去采取行动,不给自己梦想一个实践的机会,你永远没有机会。所以我稀里糊涂走上了创业之路。
>
> • 引自2008年3月16日马云在"我能创未来——中国青年创业行动"上的演讲稿《梦想与坚持》•

很多人会说,在创业初期,马云不懂互联网技术,也没有充足的资金,靠着三寸不烂之舌,"忽悠"了一批又一批的人才跟着他一起吃苦,一起努力。其实,这只是表面现象,真正促使马云走向成功的,除了坚定不移的意志力以外,还有超强的执行力。

马云是个金庸迷,他曾多次在公开场合表明自己对金庸的敬佩之情。有一次,马云和李博达在香港出差,其间和金庸进行了一次交谈。见到自己多年的偶像,马云异常激动。他们谈了三个多小时,在这三个多小时里,从头到尾都是马云在说,金庸没说几句话。临别之际,金庸为马云手书:"神交已久,一见如故。"从此,两人成了忘年交。

回到杭州以后,马云突然产生一个想法,他对李博达说:"我有个想法,现在中国互联网的CEO都在'打架',我想邀请金庸和新浪、搜狐、网易、8848的掌门人一起搞个'西湖论剑',你看怎么样?"

在李博达看来,这件事很不好办,几个CEO之间关系都不太好,金庸又很难请到,因此他感到很为难。他对马云说:"你能不能给他们先打个电话,如果他们都同意,我可以协调。"

第二天,马云就分别向金庸、张朝阳、王志东等人发出了邀请。金庸很爽快，当场就答应了；张朝阳没有立即答应，但也没有拒绝；王志东则感到不太合适，他一直推脱，但是在马云的热情邀请下，最后终于答应下来。

什么是执行力？执行力就是将战略构想付诸实施的能力。在旁人看来无比艰难的事，马云却毫不在乎，他用强大的意志力做到了别人不敢想的事，因此马云有着很强的执行力。马云能够取得今天的成就，其中很重要的一个原因就是，他能够将头脑中的东西落实到地。

一直以来，对于阿里巴巴的员工，马云提出的首要要求就是执行力强，即便创新能力不强也没有关系，关键是执行力一定要强！阿里巴巴能够成功，在国内站稳脚跟，靠的就是强大的执行力。当市场上出现一个新的潮流和趋势，大多数人都在观望时，阿里巴巴已经付诸行动。

> **微语录**
>
> 没有执行力的企业，就没有竞争力，注定无法在市场竞争中存活下来。

先树立明确的目标,再全力以赴

> 阿里巴巴要做102年的公司。诞生于20世纪最后一年的阿里巴巴,如果做满102年,那么它将横跨三个世纪。阿里巴巴必将是中国最伟大的公司之一。
>
> 至于你能走多远,第一天的梦想很重要。阿里巴巴第一天出来就是要走80年。现在我们又有明确的目标出来,要做102年。这个时期我们想活100年,下个世纪我们再活2年。在102年之前任何一个时间点失败,就是我没有成功。
>
> 很多企业为了赚钱寻找机会,而我们为了102年这个目标,就研究全球具有100多年发展历史的企业及它们的体制与机制的组织力量。体制建设、文化建设、体系建设这种组织力量的建设是阿里巴巴和其他公司最大的区别。
>
> · 引自2004年9月10日马云在阿里巴巴五周年庆典上的讲话 ·

面对愈演愈烈的市场竞争,企业需要制定一个合理的战略目标,而后根据这个目标制订合理的流程,再以薪酬激励员工,用考核制约员工,这样才能提升企业的执行力。

阿里巴巴刚成立的时候,马云就说出了自己构想:"要做全球最顶尖的B2B公司,如果可能的话,希望公司能够坚持80年。"5年以后,他又将这个构想更进一步:"我们的目标第一是做102年的公司;第二是做世界十大网站之一;第三是只要是商人,一定要用阿里巴巴。"

马云的这些话,实际上就代表了阿里巴巴的战略总目标,它不是一句空话,而是实实在在的前进方向。为了实现这些宏大的目标,马云又在工作中提出了一个个具体的小目标:2003年,马云提出了阿里巴巴全年盈利1亿元的目标;2004年,马云为阿里巴巴定下了每天盈利100万元的目标;2005年,马云为阿里巴巴定下了每天缴税100万元的目标。

在当时的员工们看来,马云的这些"小目标"简直是难如登天,很多人对完成这些目标提出了质疑,但是最终的结果表明马云的战略是正确的。这些目标的实现,要归功于阿里巴巴的超强执行力。

阿里巴巴的执行力,主要表现在四个方面:

1. 制定企业目标

首先,马云和其他高层管理人员会聚在一起,进行讨论,根据当前的条件提出一个总目标,然后将目标层层细化,细分成一个个小目标。井井有条地制定企业目标,并将其分阶段实施,这是阿里巴巴有效实施系统战略的保障,也是它提升执行力的关键。

2. 培养员工的执行意识

在平时的工作当中，马云会有意识地强化员工的执行意识。只要是布置下来的任务，不管多么艰难，哪怕最终无法做到，员工也要全力以赴，不打折扣地执行下去。

3. 严格筛选供应商

阿里巴巴是一个服务平台，因此它必须对供应商进行严格筛选，在开通诚信通或是国际站时，供应商必须提供营业执照、个人身份证等相关凭证，尽可能地减少欺诈行为。通过这个举动，阿里巴巴的员工得以有更多的时间和精力做重要的事情，执行力自然也得到了大幅提升。

4. 快速响应客户

作为一家服务型企业，快速响应客户是企业赢得竞争的必要条件，也是阿里巴巴的基本优势。本着"客户第一，员工第二，股东第三"的战略思想，阿里巴巴将快速响应客户与它的营销方式完美结合起来。

综合马云的创业历程，我们发现阿里巴巴之所以拥有如此强大的执行力，是因为阿里巴巴的目标明确，逻辑清晰，他们总是能够在正确的时间做正确的事。

> **微语录**
>
> 制定清晰、明确的目标，能够帮助企业少走弯路，在最短的时间内发展壮大。

将资源集中在一个关键点上

> 当所有人不相信这个世界,所有人不相信未来的时候,我们选择了相信,我们选择了信任,我们选择十年以后的中国会更好,我们选择相信,我同事会做得比我更好,我相信中国的年轻人会做得比我们更好。
>
> 二十年以前也好,十年以前也好,我从没想过,我连自己都不一定相信自己,我特别感谢我的同事信任我。当CEO很难,但是当CEO员工更难。但现在,居然你会从一个你都没听见过的名字叫"闻香识女人"的人这里,付钱给她,买一个你从来没有见过的东西,经过上千上百公里,通过一个你不认识的人到了你手上。
>
> ——引自2013年5月马云卸任阿里巴巴CEO时的讲话

马云说:"最忌讳的是面面俱到,面面俱到就什么都不可能赢,集中所有的资源在一点处突破才有可能赢。"做企业就像行军打仗一样,一定要讲究战术,将优势兵力集中在一个关键点上,它是一切问题的核心,也是最薄弱的地方,只要能够对它进行重点突破,接下来的事情就会好办得多。

那么,阿里巴巴的关键点是什么呢?马云认为,是支付问题。支付问题是电子商务必须跨过的一道门槛。在电子商务的早期阶段,支付问题给人们带来了很多困扰,人们通过互联网平台进行交易,无法面对面地监督对方,所以对网上支付很不放心,宁愿去线下的实体店购物,也不愿意尝试网络购物。支付问题的重要性很多人都懂,但是要想解决它,可没那么容易。

2003年5月,阿里巴巴正式推出淘宝网,而在此之前,网络购物的霸主是eBay易趣。它们原本是两家企业,2002年,易趣与eBay结盟,更名为eBay易趣,并迅速发展成国内最大的在线交易社区。eBay易趣已经发展了若干年,也培养了一些用户,但是始终未能将市场扩大。淘宝网最初面世时,只是充当了一个广告商的角色,而不是电商,甚至连淘宝的客服也推荐买卖双方进行线下交易,这时的淘宝离优秀的电商平台还差得很远。

马云很快意识到,阿里巴巴要想发展壮大,并且与对手拉开差距,必须首先解决信用和支付问题。正如华尔街的一位投资者所说:"谁在支付上掌握了主动,谁就掌握了电子商务市场。"于是,马云迅速组建了一支团队,借鉴香港电子库存推出的第三方中介付款服务Escrow Service(委托付款服务),利用有限的资金,设计了一个安全交易的功能,这就是支付宝。阿里巴巴充当服务商,买家在下单时,将货款打到支付宝账户上,同时支付宝通知卖家发货,等到买家确认收货之后,支付宝再将货款付给卖家,至此完成一笔网络交易。

从技术上来看,支付宝其实没有做出什么创新,但是阿里巴巴凭借强大的执行力,将"第三方担保交易模式"应用在网络购物上,从而让电子商务的支付问题有了一个可靠的解决方案。

此后,马云在支付宝上加大投入,持续改善用户体验。2004年,淘宝网分拆,支付宝成为一家独立运作的公司,向更多的客户提供支付服务,很快支付宝便成为中国最大的第三方支付平台。与此同时,其他几家电子商务平台迟迟未能解决支付问题。在阿里巴巴强大的执行力面前,eBay易趣感到了巨大的压力,不甘下风的eBay易趣宣布投资1亿美元,用来研发更安全、更方便的支付产品。然而,事实证明,阿里巴巴提供的服务更好。

支付宝的出现让线上交易不再困难,人们不必再为了卖家信用问题而苦恼。再加上免费策略的推出,淘宝很快占领了市场,而支付宝则成了淘宝网交易、结算的重要工具。仅仅用了一年时间,淘宝的交易额就从2270万元飙升至10亿元。

很多人说马云是个天才,马云自己却从来不这么认为。面对别人的夸赞,他不止一次地说自己"什么都不懂",只不过在旁人犹豫不决时,他勇敢地迈出了第一步。

微语录

俗话说"磨刀不误砍柴工"。集中优势资源解决核心问题,可以为以后的发展铺平道路。

立刻、现在、马上去做

> IT发展到今天,我们缺技术、思想吗?不缺。今天缺的是把这些东西变成现实。我们今天很多人用着IT的技术、思想,但是管理水平和思想仍旧在上世纪。给了他一个机枪,当棍子使。所以才出现今天这个世界IT做电子商务还在杀价,还是拼价格,不是拼价值。人家说马云你十年前不也是免费吗?技术十年前可以免费,你今天不能免费。十年前腾讯、百度、阿里巴巴都非常小,那个时候我们做免费,所有人说这哥们想找死,看他怎么死。今天你再想免费,你想死,腾讯、百度、阿里会帮你死。假如你还停留在上世纪甚至五年、十年前的思想,是不可能再活下去的。
>
> · 引自2013年3月31日马云在深圳IT领袖峰会上的演讲 ·

2017年7月,马云应邀在非洲肯尼亚内罗毕大学做演讲,向当地年轻人介绍中国的互联网创业经验,并且和当地年轻人一起学习如何在未来更加有效地参与全球竞争与合作。马云告诉当地年轻人,基础薄弱也可以是实现跨越式发展的机会。"为什么中国电商发展很快，因为原来的基础差。在美国，电商是甜品；但在中国，电商是主菜。最初大家说我们没有支付、没有物流，就是因为我们什么都没有，所以我们自己开拓出来。"

这体现出马云一贯的理念：不要等一切都准备好了再动手去做，只要认定了目标，就要立刻、现在、马上去做！马云之所以能够获得成功，并不是因为他是个天才，而是因为他的执行力很强，能够不断地将梦想变成现实。别人还在观望的时候，马云往往已经付诸行动了，这才是真正的高效战法。

马云说："员工执行力不行，要么是制度无能，要么是领导无能！"因此作为一家企业的领导者，马云总是走在最前面，领导着所有员工向前进。在很长一段时间内，马云把"立刻、现在、马上"作为自己的口头禅，只要看到员工的行动慢了，马云就会大声对他说："立刻、现在、马上去做！"

有一次，马云去长城游玩，突然间产生了一个灵感：阿里巴巴的BBS（网上论坛）也应该按照行业进行分类，以便让用户按照行业找到志同道合的人。想到这里，马云非常兴奋，回到住所以后，他立即跟公司的技术人员联系。然而，当他自信满满地将这个构想和盘托出时，却遭到了全体技术人员的一致反驳，甚至连其他部门的人也不赞同。当时世界上成功的电子商务模式只有B2C和C2C两种，而马云提出的B2B模式从未有人试过。员工们认为，网络的原则本就是自由和免费，要建立BBS，并且对BBS进行分类，会耗费大量的人工和资源，这相当于把自由、免费的东西严格化，会给公司的运营带来不便。

双方争执不下，引发了一场激烈的争吵，马云在电话中愤怒地大喊："你们立刻、现在、马上去做！立刻！现在！马上！"在马云强硬的态度下，技术人员最终还是妥协了。他们按照马云的指示，严格执行了。

事实证明，马云的决策是正确的，虽然阿里巴巴为此付出了一定的代价，但是这也使得阿里巴巴的应用有了自己的特色，让用户有了更好的使用体验，帮助阿里巴巴在互联网泡沫时期坚持了下来。

经过这件事以后，马云更有信心了，他把阿里巴巴称为"一支执行队伍而非想法队伍"，并称阿里巴巴不是计划出来的，而是"立刻、现在、马上"做出来的。他鼓励员工勇敢地去做，哪怕做错了，也比什么都不做要强，因为在做的过程中，员工不仅执行能力得到了提升，还获得了宝贵的经验。

> **微语录**
>
> 面对激烈的市场竞争，企业必须具备高强度的执行力，才能将想法变成现实。执行力必须成为企业的核心竞争力！

三流的点子加上一流的执行

> 我不具备今天很多年轻人讲的你有什么qualification（资格），你有什么学识、知识、能力，我既没有学过会计，也没有学过管理，更不懂电脑，为什么开始创业这件事情？大家知道我确实数学在高考第一次考过1分，不觉得丢人，我觉得讲真话不丢人，最丢人的是讲假话。我数学考过1分，大学考过3次，初中考重点中学考过3次，也没考上。
>
> • 引自2015年2月2日马云在"团结香港基金"交流会的演讲 •

世界上有创意的人有很多，但是能够完美地执行创意的人很少。究竟是创意更重要，还是执行力更重要呢？

关于这个问题，马云和日本软银集团总裁孙正义有过一次探讨：一流的点子加上三流的执行，与三流的点子加上一流的执行，哪一个更好？两个人给出了相同的答案，他们一致认为，"三流的点子加上一流的执行"更重要！想法和创意固然重要，但是也需要落实，做成产品，才能产生效益。毕竟企业的第一原则是活下来，必须赚取利润，才是对员工和股东负责。一个优秀的领导者更应该注重执行能力。马云意识到了这一点，并且严格遵循这一理念，最终获得了成功。

1999年，阿里巴巴网站还未正式上线，就已经被《福布斯》《新闻周刊》等国际权威媒体报道了。看到这些新闻以后，蔡崇信的心里萌生了考察阿里巴巴的想法。阿里巴巴上线2个月以后，蔡崇信从香港赶赴杭州，第一次见到了马云。在这次见面过程中，马云向蔡崇信讲述了自己的想法，要做全球最顶尖的B2B公司，如果可能的话，希望公司能够坚持80年。

多年以后，当蔡崇信再次回顾当年的情景时，他说："当时我觉得马云的创意——将这些公司推上线——够得上伟大，却不是什么惊天动地的想法。但我欣赏马云的个性。真正打动我的地方，不仅仅是马云本人，也不是他本人以及一两位跟随者，而是马云与一群追随者患难与共的事实。基本上，这些追随者都是他的学生。"

蔡崇信当时正在一家瑞典投资公司工作，年薪高达300万港币，用马云的话说，当时，蔡崇信的收入可以买下几十个阿里巴巴。在马云的鼓动下，蔡崇信萌发了辞职创业的念头。

蔡崇信的妻子听了这个疯狂的念头以后，感到十分费解，她不明白丈夫为什么要放弃丰厚的报酬，反而要冒着巨大的风险去创业。其实，在蔡崇信看来，马云的想法不是什么新鲜的东西，在欧美发达国家生活时，蔡崇信已经不止一次听过这样的想法，市场上甚至已经有了类似的公司，但是成功的很少。然而，阿里巴巴团队勇往直前的精神打动了他。他来到湖畔花园，看到不大的公寓里挤着20多个人，每个员工的脸上都露出兴奋的神色，只要马云下达命令，他们就会拼尽全力去做。

很长一段时间内，阿里巴巴开出的薪水都很低。蔡崇信入伙时，马云也只给得起500元的月薪。因此阿里巴巴招收的人才不是最顶尖的。但是在马云的领导下，阿里巴巴的团队执行力却远远超过其他互联网公司，这足以让阿里巴巴把对手远远甩开。正因为如此，阿里巴巴才能够迅速地发展壮大，并逐步走到了互联网的领先地位。

> **微语录**
>
> 执行力就是积极选拔合适的人到合适的岗位上，让他们按照公司的要求把事情做好。

把握执行力的速度、尺度和力度

> 经常有人问我：马云你怎么预测三年以后，怎么预测未来？你怎么看待未来电子商务、未来的形势？我想预测未来最好的办法就是创造它，说到做到、坚守承诺！
>
> 我认为，从2008年下半年开始到2010年，互联网在中国的并购热潮会起来，但今天我们定位自己应该是一家高速发展的小公司。
>
> 在外人看来，光一个B2B就超过一百亿美金市值，好像觉得是大公司。但我自己觉得我们是有落差的，互联网是一个危机四伏、高速发展、危险重重的领域。谁能想象，两年以前，美国雅虎多么厉害，但是今天大家发现微软要并购它；三年以前谁可以想象MySpace（聚友网）、Facebook（脸书）、YouTube（优兔），五年以前谁能够想到Google有那么厉害！所以整个互联网变化速度非常之快。我们必须把自己定位到看清楚自己、面对自己是什么，我们才有可能生存、成长和发展。
>
> ·引自马云2008年新春演讲稿·

执行力不等于蛮干，而是要懂得使用巧劲。在实际工作中，我们应当学会把握执行力的速度、尺度和力度。马云根据乒乓球比赛，将这三条形象地解释为"快、准、狠"。

1. 执行的速度必须快

执行力的第一条要求就是速度要快。时间就是金钱，时间就是商机，如果反应慢了、行动慢了，企业的执行力自然会下降。目标制定以后，企业必须在最短的时间内做出一系列反应，包括计划、组织、协调、控制等各个方面，如此才能保证速度。

2. 执行的尺度必须精准

"准"是指对任务的理解精准，目标明确，分析问题全面，对任务所涉及的人、事、物把握恰当。执行力的第一要求是速度；第二则是把握尺度，就像打乒乓球一样，反应速度要快，但是击球要准，尺度一定要精准，一定要指哪打哪，要打在对手的弱点上，让对方防不胜防。

这个道理对于企业而言同样适用。企业决策的执行，需要与企业战略目标、部门的重点方向、组织的流程制度等紧密贴合。优先处理与战略目标相符的重要事件，对于那些不重要的事件，则没有必要去做，做了会拖慢企业前进的脚步。因此，企业需要时刻评估部门和员工的工作是否与战略目标相符，并且据此评估执行力的尺度。

3. 执行的力度必须大

认准一个目标，就全力以赴，这就是执行的力度。力度是一种执行的投入，投入就会期望有好的回报。在推进一项变革时，我们常常说要"加大力度"，来表现坚持到底、不达目的誓不罢休的决心。因为力度不够，很可能会功亏一篑。

执行力度能不能取得理想的效果，除了要看力度本身的作用力以外，还要看所推行的变革或活动是不是适应形势的需要，以及是否符合相关利益者的利益，当然，也要看在推行的过程中所采取的方式、方法。在一般情况下，执行的力度越大，获得的回报越多。

正是由于对执行力的速度、尺度和力度有着精准的把握，马云打造了一支具有超强执行力的"阿里铁军"。在短短的二十年内，这支"铁军"发挥了强悍的战斗力，帮助阿里巴巴度过一个又一个危机，击败一个又一个对手。

> **微语录**
>
> 在执行过程中，对力度、速度、尺度做到很好的统一，成功就会得到有效的保障。

▶▶ ▶ ▶ ▶ ▶

如何判断一家公司是否成功？除了看营收额和市场占比以外，更重要的是看它能否为社会创造价值。

多年以来，"顾客就是上帝"是人们公认的营销准则。阿里巴巴的客户关系管理也秉持同样的理念。阿里巴巴始终坚持"客户第一，员工第二，股东第三"的经营理念，把客户的价值放在第一位，为客户提供优质的服务。

第三章

客户管理：
始终坚持客户第一

客户利益是企业价值的唯一源泉

> 我前两天跟雅虎的一个同事交流，什么叫以客户为中心。请在座所有的人记住，这是一个不变的道理，这是我做阿里巴巴8年从1995年到现在创业12年的经验：以客户为中心就是前1万个客户就是你CEO自己做，前10万个客户是你的团队做，前100万个客户是10万个客户去做。能够形成客户帮客户，你就创造了价值。如果客户替你说好的时候，这东西真好，客户不替你说好就是假好。今天全中国有3000多万这么活跃的网商，我首先感谢的是所有的网商的支持。
>
> • 引自2007年9月15日马云在第四届中国网商大会上的讲话 •

企业是为什么而存在的？关于这个问题，人们向来有不同的意见。有的人认为，企业存在的唯一目的就是赚钱，要为股东和员工负责，做到利润最大化。也有的人认为，企业应当为客户服务，如果离开了客户的支持，企业将寸步难行，因此必须将客户的利益放在第一位。阿里巴巴选择了后者。

不同于传统企业,阿里巴巴是在互联网的大浪潮中崛起的,它依靠的不是什么大老板、投资者,而是客户的支持。起初,马云去北京推销中国黄页,尽管这里是全国互联网技术和信息最集中的地方,但他还是一无所获,谁也听不懂他的话。碰了一鼻子灰的马云,无奈之下回了杭州。在离京之前,他望着车窗外的夜色,心酸地说:"再过几年,北京就不会这样对我。"马云敏锐地捕捉到了市场的走向,他知道电子商务将会为客户提供巨大的便利,于是投身其中,全力以赴,三年之后便创立了阿里巴巴。

马云说过一个故事。他的妻子张瑛的父亲在一个小镇上当医生,县医院想聘请他去县里工作:"张医生,你来我们县医院工作吧,医院给你分房子,工资涨几倍,职称也高。"

张医生听完之后,没有答应。

别人问他:"给你的工资比现在高几倍,为什么不愿意去县医院当医生?"

张医生说:"每年一到过年过节的时候,我们镇里就有很多人拎着鸡蛋,提着鸭子和鸡,带着自己的孩子来我家。这些都是我救过的人。如果我搬到县里,这些人要来找我就太麻烦了,很不方便。"就是因为这件小小的事情,张医生拒绝了县医院的邀请。

马云说,什么是客户第一?这就是客户第一!阿里巴巴之所以把客户放在第一位,不是因为客户可以帮他们赚钱,而是因为他们从一开始就认识到了客户的价值。阿里巴巴不出售产品,而是在买家与卖家之间提供服务,因此阿里巴巴的价值取决于客户的使用体验,客户是阿里巴巴价值的源泉。阿里巴巴从来不是独一无二的，世界上有很多电子商务平台，而中国市场则是电商竞争最激烈的市场。离开了客户的支持，阿里巴巴终将会被其他企业代替。因此，马云从一开始就把客户的利益放在第一位。

> **微语录**
>
> 　　利益最大化有一个致命的问题：它会使人变得短视，只看重眼前的利益，而忽视长远的发展。

要想赚钱，得先让客户赚钱

> 我马云比其他大部分CEO要坚强的是，我不为钱干，永远不把赚钱作为公司的第一目标。
>
> 你说到这个就要做到。最后你反过来看自己赚了很多钱，这是个结果，它不是我追求的目标。因为我自己坚信，如果一个人脑子里就想赚钱的话，他脑子里想的是钱，眼睛里是人民币、港币，讲话全是美元，没人愿意跟你这样的人做生意。
>
> • 引自2005年杨澜对马云的访谈 •

残酷的市场竞争告诉了人们一个现实：要想长期发展，必须为客户创造尽可能多的价值。作为阿里巴巴的领导者，马云似乎从来没有担心过利润来源的问题。对于创业，马云有自己的见解。他认为创业不能只盯着钱，要想赚钱，得先让客户赚钱。只有秉持着帮助别人、服务别人的信念，才能走得更远。在马云的领导下，阿里巴巴一直想方设法为客户创造价值。马云说："我觉得一个公司要想赚钱，得先让客户赚钱。我们要把在阿里巴巴的会员服务好，我们更愿意把钱投到会员身上，会员赚钱了，我们才会赚钱。"

马云的这种观点，听起来很不现实。大道理谁都会讲，然而现实往往没那么简单。早年间马云四处游说，向人们讲述互联网的神奇，以及他心中的伟大抱负，却被当成了骗子，别人问他："满嘴跑火车，是不是做过传销？"在别人看来，眼前这个夸夸其谈的人太不谦虚了，没有一点儿脚踏实地的精神。但是马云始终没有改变自己的信念，一直坚持了下去。

淘宝网成立之后，为了击败eBay，马云推出了免费策略，很快吸引了一大批商家。当时，由于消费者普遍对网上购物充满顾虑，所以选择在淘宝网购物的人很少，这样一来，淘宝商家的销售额迟迟没有提高，利润也就无从谈起了。也就是说，商家口袋里的1块钱仍然安安静静地躺在口袋里，并没有变成10块钱。

阿里巴巴要做的不是从商家的口袋里把他们仅有的1块钱全部拿走，而是要帮助商家把1块钱变成10块钱。也就是说，阿里巴巴必须让入驻的商家赚到钱，才能建立良性的商业生态。马云经常提醒员工不要有太强的功利心，"要开始考虑赚钱的时候，是你帮别人真正赚了钱的时候。但现在，还不是淘宝收费的时机，因为市场还需要培育。就像几年前我经常讲的，如果阿里巴巴在路上发现小金子，不断捡起来，当身上装满金子的时候就会走不动，就永远到不了金矿的山顶"。

阿里巴巴的每一项产品和功能，都是为了帮助客户赚钱而做的。无论是对商家还是对消费者，阿里巴巴都能帮到他们。对于商家，阿里巴巴为他们提供了一个便捷的线上服务平台，让商家不必支付昂贵的店面费用，即可招揽到大批的生意，很多偏远地区的商家正是借助于淘宝迅速走红的。对于消费者，阿里巴巴同样为他们带来了利益，在网络购物平台上，消费者可以对不同商家的同类产品进行比较，从而选择性价比最高的，节省了时间和金钱。最初，淘宝的发展并不是很顺利，但是随着时间的推移，人们发现在这里买卖产品确实能够为自己带来利益，于是一传十、十传百，用户的规模成倍增长。

马云说："如果客户能通过阿里巴巴赚到100元、1000元，他们不会拒绝分给阿里巴巴1元钱。"这就好像只能徒步旅行的一群人突然有了开汽车旅行的机会，刚坐上车时他们会忐忑，等他们发现这种方式既快捷又舒适，并渐渐形成了习惯时，就会想要买一辆新车。

> **微语录**
>
> 客户和企业存在利益上的冲突，客户想省钱，而企业想挣钱，怎样才能让双方和谐共处呢？最好的办法就是双赢——企业在挣钱的同时，也得让客户获得一定的利益。

深入了解客户的真正需求

> 没有比这个时代更好的时候,因为我们从来没遇上现在的机会。每一代人有每一代的职责,有每一代的机遇,This is our time(现在是我们的时代)。第一次和第二次工业革命分别释放了人的体能和能源,而我们在经历的这一次技术革命,是在释放人的大脑,在从IT时代向DT时代发展。很多年轻人不愿意接受现实,那你可以做出更佳的创新。
>
> 未来三十年,整个变革会远远超过大家的想象。有人说超市不好卖,都是因为淘宝。但你没明白,没有淘宝也会不好卖,因为消费者需求越来越个性化;而这,就是社会的发展。
>
> • 引自2015年3月3日马云在台湾大学的演讲:《从梦想到成功创业》•

针对产品的开发,每一位研发工程师都有自己的见解,但有一点是一致的:倾听客户的声音,发掘客户的需求。这一点是最重要的,没有需求的产品,是不会有市场的。

马云曾经在央视《赢在中国》栏目上这样说:"我没有关系,也没有钱,我是凭着自己扎扎实实的努力,逐渐走向成功的一端的。我相信关系特别不可靠,也不能凭关系。做生意不能凭小聪明,做生意最重要的是你要明白客户需要什么,实实在在地创造价值,坚持下去。"

2001年,中国正式加入世界贸易组织,这标志着中国市场正式加入世界经济的大家庭,对中国乃至世界影响深远。但是在当时,由于各种原因,中国的中小企业很难打入其他国家的消费市场,无法真正做到与世界接轨。马云发现了这个问题,去北京向别人推销中国黄页时,提出通过网络为商家提供供需信息和订货渠道,他说:"我可以建立一个中国最大的国际信息库、信息源。"

虽然这次推销没有成功,但是马云并没有放弃。后来阿里巴巴抓住了这个难得的机遇,及时推出了"中国供应商"服务,向全球推荐中国优秀的出口企业和商品,并且与国际著名的采购集团合作,如沃尔玛、通用电气等,他们共同在网上进行跨国采购。紧接着,阿里巴巴又推出了支付宝,解决了市场对网上支付的需求,又推出了淘宝网,解决了企业用户对个人消费者的需求。

针对线上经济和线下经济的冲突,马云在2016年的云栖大会上提出了"新零售"的概念。短短两年时间,"新零售"就引爆了线上线下一体化的商业革命,深刻改变了品牌商和传统零售业,并为消费者带来了全新的价值。

由此可见,阿里巴巴走的每一步,都是紧贴市场需求的,推出的每一项功能,都是为了满足市场需求。

客户的需求并非一成不变的,相反,它会随着社会的发展而不断发生变化。马云举了一个生动的例子来说明这种现象："20年前，一个姑娘到临沂商场去买衣服，营业员说，我们这件衣服卖得特别好，昨天卖出500件了，那姑娘一定会买这件；如果现在的营业员再这样说，那这姑娘可能就会说，谢谢，我希望临沂就这一件。"

于是，在发展的过程中，阿里巴巴逐渐形成了七大服务版块：

（1）阿里系的电子商务服务。

（2）蚂蚁金融服务。

（3）菜鸟物流服务。

（4）大数据云计算服务。

（5）广告服务。

（6）跨境贸易服务。

（7）其他互联网服务。

这些服务从各个角度满足了客户的需求。与此同时，马云也在呼吁所有的制造业企业，抓紧学习，抓住改革，做出符合客户需求的新产品。马云相信，新制造的班车已经启动，不加速自己的企业，不去拥抱未来的变化，不改革自己，未来10～15年，大家都会哭天喊地。

> **微语录**
>
> 必须先去了解市场和客户的需求，然后再去找相关的解决方案，这样成功的可能性才会更大。

始终坚持为客户提供优质服务

我们再看另外一家公司——迪斯尼。迪斯尼公司的使命是"Make world happy（让世界快乐起来）"，所以迪斯尼所有东西都是令人开开心心的，拍的戏也都是喜剧，招的人也全是快乐的人。

另外一家公司TOYOTA（丰田），它的服务让全世界都懂得尊重。有一个故事，在芝加哥的一个大雨天，路上一辆TOYOTA车子的雨刮器突然坏了，司机傻在那里，不知道怎么办。突然从雨中冲出一位老人，趴到车上去修雨刮器。司机问他是谁，他说他是丰田公司的退休工人，看见他们公司的车坏在这边，他觉得有义务把它修好！这就是强大的使命感和企业文化，才使得每个职员将公司的事当作自己的事情。只有在这样的使命感的驱动下，才会诞生今天的迪斯尼、今天的丰田。

我们阿里巴巴的使命是"让天下没有难做的生意"。我们做任何事情都是围绕这个目标，任何违背这个使命感的事情我们都不做。所以有人会很奇怪地问我们："你们凭什么做出这样子一个决

> 定啊?"我说:"我们凭我们的使命感。"我们推出一个产品,首先要考虑的是这个产品是否有利于生意。我们推出"支付宝"也是这个原因。
>
> • 引自2006年马云在杭州师范大学的演讲 •

马云告诉员工,要相信客户是"懒人",最好的服务是让客户感受不到服务,在无形之中就把事情做完了。他说:"我不想看说明书,也不希望你告诉我该怎么用。我只要点击,打开浏览器,看到需要的东西,我就点。如果做不到这一点,那你就有麻烦了。即使在后来,使用淘宝和支付宝这些网站时,我也是个测试者。我和淘宝的总经理打赌,随便在路上找10个人做测试,如果有任何顾客说,他对使用网站有问题,那么你就会被惩罚;如果大家都能使用,完全没有问题,那么你就有奖励。所以这个测试是确保每一个普通人都能使用网站,不会有任何问题,只要进入,然后点击就行了。因为我说的话代表世界上80%不懂技术的人。他们做完测试,我就进去用。我不想看说明书,如果我不会用就扔掉。"

电子商务是互联网行业,也是一个以服务为导向的行业,谁的服务做得好,谁就能吸引更多的客户。因此,阿里巴巴始终聚焦在改善用户体验上,让用户不需要进行繁杂的操作就能轻轻松松完成交易,而不必在售后等问题上浪费太多时间。为此,阿里巴巴必须付出更多的努力,对已有的网站系统和商业模式进行优化。

为了改善用户体验,阿里巴巴要求员工必须具有同理心,也就是换位思考的能力。设计师要体会用户的感受,理解用户的行为特点和行为差异，并站在用户的角度思考和处理问题。例如，在淘宝网上，消费者是主要用户，无论是B2C还是C2C，最终的决定权都掌握在消费者手中。

淘宝的很多设计师自己就是C类用户，他们会更加容易把握和理解C类用户的需求，以此来指导产品的设计。在设计的过程中，设计师凭借自己对用户的了解，熟练地使用自己的产品，模拟C类用户进行相关操作，从而避免了闭门造车。

阿里巴巴的设计力求简洁。用户打开网站，便可以看到最重要的信息，轻轻松松完成相关操作，而不必寻求客服的帮助和指导。简洁不等于简单，它是在设计师深刻理解用户需求的基础上，根据用户的操作行为、信息架构等因素得出的结果。这种设计方式，与界面信息的杂乱摆放完全不同，是一个满足了用户特定需求、具有流畅操作、赏心悦目的模式。

正是由于阿里巴巴相信客户是"懒人"，才能真正做到把决定权还给用户。用户可以轻松做到自己想做的事情，购物、消费都在自己的掌控之中，即使失败，还有无理由退货做保障。因此，阿里巴巴逐渐受到了人们的关注，业绩也不断上升。

> **微语录**
>
> 不要和用户抢夺控制权。在帮用户做决定时必须谨慎，很多时候还是要让用户自己进行判断，并进行操作。

帮助客户，不靠"输血"靠"造血"

> 毋庸置疑，解决7000万人口的贫困问题绝不是件容易的事情，必须有超常规的思考与路径。我所理解的扶贫、脱贫，可能与一些人的理解不完全相同。以前我们一提到扶贫，就想到要给别人钱，给别人物质，但大家忘记了，脱贫是一个持续成长的过程。从扶贫到脱贫，再到致富，是三个不同的阶段：扶贫，是我们授人以鱼，解决的是一时的问题；脱贫，是我们授人以渔，给的是技术，解决的是长久的问题；致富，则是造鱼池、建鱼塘，营造养鱼的生态环境。我们应该教会他们造鱼池、建鱼塘和养鱼，我觉得这才是我们这些企业家现在急需去做的事情。
>
> • 引自2016年8月5日马云在"加强东西协作，助力扶贫攻坚"主题论坛上的演讲 •

阿里巴巴不是一家竭泽而渔的企业，它的价值观是与客户共同成长。阿里巴巴的成功，必须建立在客户成功的基础上。马云曾多次表达类似的观点，他说："企业要想永葆活力，不能靠'输血'，要靠'造血'。"帮助客户，就是在为阿里巴巴培养未来的用户，就是在为阿里巴巴"造血"，这是一种良性的企业生态循环。因为在阿里巴巴的用户群体中，小微企业占据了非常高的比例，阿里巴巴这棵大树是建立在众多小微企业的基础上的。

那么，该如何"造血"？马云给出的答案是：授人以鱼，不如授人以渔。扶贫是一项长期工作，直接提供物质帮助，并不能完全解决问题，提供就业机会，才是有效的扶贫方式。

阿里巴巴的"造血"方式是通过扶持中小企业表现出来的。对于阿里巴巴来说，追逐高营收、高利润固然重要，但是也要保证广大中小企业用户们的合理利润。阿里巴巴曾多次主动调低营收和利润指标，以便改善中小企业的生存环境。例如：在2008年美国次贷危机波及全球，冲击中国中小企业之时，阿里巴巴曾主动调低利润指标，空出更多资源给客户；2018年"双11"前，阿里巴巴联合50家金融机构向中小企业提供2000亿贷款，以便为中小企业客户降低成本。

在广大的农村地区，阿里巴巴也在行动。2014年，阿里巴巴在美国上市时，就曾提出三大战略方向：全球化、农村市场和大数据云计算。马云说："中国有六亿多农民，中国农村商业基础设施仍然落后。但今天农村形势发生了巨大的变化，农村手机普及率越来越高。特别是有了淘宝和天猫的城市消费者市场以后，农民可以直接和城市生活相连接。我们目前在用移动互联网技术、大数据、物流平台和互联网金融重新构建农村信息技术基础设施。这不仅给我们带来巨大的市场需求潜力，更是在解决数据鸿沟和信息平等，解决贫困发展上，阿里巴巴得以积极参与的机遇和福报。"

根据马云提出的战略，阿里巴巴将会在未来的几年内，向农村地区投资100亿元人民币，建立1000个县级服务中心和10万个村级服务站，通过这种方式，在广大的农村地区布下一张巨网。以阿里巴巴的电子商务平台为基础，通过搭建县村两级服务网络，实现"网货下乡"和"农产品进城"的双向流通功能。

2015年，国家提出了2020年确保贫困人口如期脱贫的目标。阿里巴巴积极响应，成立了"阿里巴巴脱贫基金"，以及阿里巴巴新型职业农民商学院，结合淘宝大学课程，为学员提供电商平台，搭建管理、营销推广、品牌打造等指导服务，提高学员的农业生产专业技术和互联网电商运营能力。

2019年7月16日，马云参观了哈尔滨工业大学，并且表示将在东北投资。当天晚上，黑龙江省人民政府同阿里巴巴集团签署了数份战略合作协议，双方将借助阿里巴巴在数字经济领域的优势，共同建设"数字龙江"。希望从思想观念、市场推进、技术方面，真正激活东三省的机制，激发东三省年轻人的创新力，用数字经济来推动市场改革。

扶持中小企业是为了阿里巴巴未来的发展，因为阿里巴巴除了核心电商业务以外，还有网上支付、云计算等业务，这些业务的发展需要依赖广大的中小企业。它们之间的关系是一荣俱荣、一损俱损的。因此，无论是为了自己的使命，还是为了企业的未来，阿里巴巴必须与中小企业共同成长。

> **微语录**
>
> 互联网市场从来都是一个新事物不断出现的行业。如果企业只顾自己的利益，不管客户的利益，就无法长久存活。

人才是企业战斗力的来源,人才管理在阿里巴巴的管理体系中占有非常重要的地位。拥有多少人才、如何运用人才、怎样留下人才是很多企业面临的三大难题。阿里巴巴对人才的管理是从多方面进行的,除了提供丰厚的待遇,还注重员工的心理感受,让员工真正感到被重视、被激励。

第四章

人才管理：
好的人才一定是培养、磨炼出来的

招最优秀的不如招最合适的

> 我刚才讲员工是管理出来的，决定一个生态系统的不是老虎、狮子和大象，我们所有公司都觉得招一个好的VP（副总裁）感到骄傲，但是决定生态系统的要素是微生物，决定一个公司最好的素质是你的基础的员工的招聘。决定中国教育的水平绝不是大学有多少、大学有多大，而是小学办得多好。第一天起，所有IT企业同事记住你们要招普通人，把他们变成不平凡。招人是多么重要。
>
> 无线互联网会改变世界，大家会有异议吗？大数据时代会到来，会影响人类生活，有异议吗？没有异议。怎么变成才是关键，从点滴做起，从自己做起，从你招聘的人做起。只有这样你才能从梦想回到现实。
>
> ——引自2013年3月31日马云在深圳IT领袖峰会上的演讲

在阿里巴巴的人才观中，其中有一条是，招最优秀的不如招最合适的。

2000年，阿里巴巴从软银等投资机构获得了2000万美元的投资。为了加快公司前进的步伐，马云决定高薪聘请一批MBA（工商管理硕士）毕业生。一段时间内，除了马云以外，阿里巴巴核心高管团队的成员全部是MBA毕业生，并且都来自哈佛大学、斯坦福大学等世界知名院校。但是没过多久，这些人中的95%都被开除了。马云给出的评价是：口才一流，执行力末流。他觉得这些MBA毕业生心高气傲，连"基本的礼节、专业精神、敬业精神都很糟糕"。

学历不等于真实水平，MBA课程只能把原理教给学员，但是如何去做，却要靠学员不断摸索。马云看重的，其实是理论和实践相结合的能力，而这种能力必须接受实践的检验。马云说，这就像把一架飞机的引擎用在拖拉机上，发动引擎只会爆炸，肯定飞不起来。

商学院培养不出企业家，真正的企业家是在社会中磨炼出来的。日本知名企业家稻盛和夫说："拼命工作可以磨炼灵魂。"阿里巴巴对人才的培养，是在日常工作中不断打磨出来的，用优秀的管理去培养人才。

马云认为，互联网有四个特征：开放、透明、分享、责任。在人才管理方面，互联网公司同样要有这四个特征，否则企业一定做不长久。一个优秀的企业是管理出来的，优秀的员工也是管理出来的，而不是学校教出来的。

阿里巴巴的高层管理人员非常重视对人才的培养。除了高薪聘请人才以外，他们还花费了大量时间对人才进行培养。一个新员工入职以后，公司首先要对其进行培训，然后针对个人的潜力和兴趣把他放在最合适的位置上。业绩不好的人，公司会尽快让他离开组织。而管理人员的业绩考核与人才管理的指标直接挂钩，推动老员工去提携新员工，直接提升了公司的管理效率。

在阿里巴巴，人才管理是全方位进行的，形成一个独特的机制，阿里人将其称为"管理金字塔"，包括股权激励、绩效考评、"管理三板斧"等。阿里巴巴招收的员工并不都是名校毕业的，但是通过严格的管理机制，阿里巴巴将他们培养成了可用之才。

> **微语录**
>
> 人才是企业核心竞争力的关键因素。企业应当以业绩为导向，把人才建设作为公司的头等大事。

员工选择一家企业是要找幸福感

> 不管事业多成功、多伟大、多了不起,记住我们到这个世界就是享受经历这个人生的体验。忙着做事一定会后悔。我不希望自己七八十岁还在公司开早会,我的同事很生气,又不好意思说。
>
> 昨天晚上到得比较晚,晚上跟大家聊得特别开心,回想当年往事,14年中国互联网发展,我们经历了很多有意思的事情,回顾自己犯过的错误,见过无数奇葩类的人,但是这是最美好的经历,人生就是这样。
>
> • 引自2013年3月31日马云在深圳IT领袖峰会上的讲话 •

在外界看来,马云是一个理想主义者。他出身平凡,创办公司的时候没有多少钱,甚至只能把家改造成办公室,凭着对理想的热爱,他一直坚持了下来,并且用实际行动把理想变成了现实。但是在马云的身上,又有着极其现实的一面,他十分清楚员工对生活的追求。

马云曾经说:"员工辞职,要么是钱给少了,要么是心委屈了。"这句话准确地概括了员工们的两大诉求，被很多人奉为经典。在实际工作中，阿里巴巴一方面用理想激励员工，另一方面用高薪酬、高福利提升员工的幸福感，让员工在养家糊口的同时，也能从工作中获得快乐。

阿里巴巴非常善于用理想激励员工，是一家特别富有理想主义色彩的公司。很多人在入职之前，就已经是马云的崇拜者了，他们出于对"十八罗汉"创业神话的敬意，来到了阿里巴巴。进入公司以后，他们会感受到企业文化的浓厚色彩。

1999年9月，在湖畔花园的小屋子里，马云就提出了一个伟大的愿景：我们要做一个中国人创办的世界上最伟大的互联网公司。虽然当时大家都不知道他在说什么，但是出于对马云的信任，大家还是跟着他一直坚持了下来。

2017年9月8日，这一天是阿里巴巴的18岁生日。阿里巴巴集团在杭州举办员工大会，全球数万名员工、客户汇聚一堂，共同参加庆祝活动。马云在会上对全体阿里人提出要求，说未来必须有"家国情怀"和"世界担当"，只有"考虑这个国家，考虑这个社会，考虑世界的担当，阿里才会赢得尊重"。

从这些豪迈的宣言中，我们可以看到中国传统文化中"穷则独善其身，达则兼济天下"的伟大情怀。中国或许可以没有阿里巴巴，没有马云，但是不能没有这样的情怀，不能没有这样一些追求理想的企业。

二十年过去了，阿里巴巴仍然在坚持当初的理想。正如马云所说："阿里巴巴可以失去一切，但是不能失去理想主义。"在理想主义的感召下，很多人才来到了阿里巴巴，为了理想共同奋斗。

光有理想还不够，阿里巴巴还要为员工提供高福利，因为有的员工不关心公司的目标，他们更关注眼前的利益。在这些员工看来，公司的目标跟他们没有任何关系，他们真正关心的是个人的成长和提升。如果这些基本的问题不解决，就很难留住员工。

阿里巴巴正因为员工福利待遇很好，才留住了大批的优秀人才。阿里巴巴集团为员工提供了丰富多样的福利，包含全部法定福利及企业安全和健康福利、企业设施性福利、企业文娱性福利、企业培训性福利、企业服务性福利在内的非法定福利。包括财富、生活、健康三大方面的福利设置增强了员工的归属感和企业的凝聚力。较高的福利水平不仅可以解决员工的后顾之忧，还与企业文化相契合，提高员工的工作积极性。此外，这些福利形式不仅对员工起到了激励作用，还树立了良好的企业形象，提升了企业知名度，在无形中起到了宣传作用。

> **微语录**
>
> 生活的理想，是为了理想的生活。向员工提供高薪水的同时，还要保证他们的幸福感，这样的企业才能走得长远。

善用股权激励，把钱投资在员工身上

> 淘宝网今年是做400亿的交易量，跟以前比是大了很多，我们判断2007年整个中国网上交易会突破13000亿。如果你看得这么远的时候你觉得淘宝是个小公司；如果你觉得淘宝能够对人类社会有影响的时候，淘宝是大公司。今天阿里巴巴确实对中国的其他公司来讲，可能体量比较大，但是对未来产业的发展那是小公司，所以我觉得富贵跟患难是一样的。你觉得我们该分田地的时候，你已经开始守势了，所以财富要跟朋友共享才是快乐的。什么时候你觉得给别人痛苦的时候，麻烦就来了，一般来讲，问题都是在自己身上。
>
> ·引自2007年9月15日马云在第四届中国网商大会上的讲话·

在阿里巴巴，人才是最重要的，资产和技术都无法取代人才的地位。可以说，阿里巴巴能够走到今天，全是依靠众多人才的努力。马云非常清楚这一点，他把人才战略当作企业经营的重中之重，在很多公开场合发表演讲时,他总是不忘赞扬一下自己的员工:"阿里巴巴走到今天,离不开两万多名员工的努力。我永远坚信,创造无数财富,创造一切的是员工。员工是未来,只有员工才能创造真正的价值,所以请相信你的员工。"

为了留住人才,阿里巴巴建立了许多激励机制,其中就包括股权激励。

股权激励不是阿里巴巴的独创,很多公司都有股权激励制度,只是在具体实施上有所不同。股权激励是一种用股权的形式给予经理人一定的经济权利,让他们能够以股东的身份参与企业决策,分享利润,承担风险,从而勤勉尽责地为公司的长期发展服务的一种激励方法。它的本质是在企业内部建立一套企业与员工利益共赢的机制,当企业做到一定规模时,股权激励就是不可避免的了。

很多公司的老板在创业时历经千辛万苦,但是在企业做大做强之后,他们持有的股份却很小。例如,马云持股6.2%,任正非持股不到2%,柳传志持股不到1%。

自从蔡崇信加入之后,阿里巴巴就走上了股权激励之路。在杭州湿热的夏夜里,马云把仅有的十几名员工召集在一起,听蔡崇信讲解"股份""股东权益"等最基本的股权概念,接着又在蔡崇信的帮助下拟定了十八份股份合同。于是,阿里巴巴有了大名鼎鼎的"十八罗汉"。

后来,阿里巴巴的这项股权激励制度被保留下来,并且逐步完善。如今,在阿里巴巴集团的股权结构中,管理层、雇员及其他投资者持股合计占比超过40%。在阿里巴巴2018年发布的一份季度财报中,有164亿元被用于股权激励,这在中国互联网企业中是难得的。高额的股权激励让阿里巴巴的员工成了企业的"合伙人"。

但是阿里巴巴的股份不是随意发放的,为了防止员工拿到股权以后产生懈怠心理,阿里巴巴制订了一种特殊的"受限制股份单位计划"。所谓的"受限制",指的是阿里巴巴的员工每年都可以得到至少一份受限制股份单位奖励,数额大小因职位、贡献的不同而存在差异。但是员工获得受限制股份单位后,入职满一年方可行权。而且阿里巴巴股权的发放分四年逐步到位,每年发放25%,这使得员工手中的持股数量会随工作时间的增长而滚动增加。这种滚动增加的方式,使得阿里巴巴集团的员工手上总会有一部分尚未行权的期权,从而帮助公司留住员工。

> **微语录**
>
> 企业最重要的要素有三个:人才、金钱、技术。而在这三者之中,人才是最重要的。

让每一位阿里人都带着快乐工作

> 我觉得中国真正有理想领导力是道家文化，儒家思想是我们加强管理最好的东西，佛家思想是让你学会做人，因为领导力很强、管理能力很强的人身上一定有毒，有毒需要佛家思想的空把它化了。竞争过程中学习太极的博弈思想是相当了不起。如果你希望你的企业做得有味道，你要分出自己的公司和其他公司的区别，自己公司的员工和其他公司员工的区别，只有这样做，公司才有味道，产品才有味道，服务才有味道，人才快乐。
>
> 认真生活，快乐工作。我特讨厌认真工作的人。工作不要太认真，工作快乐就行，因为只有快乐让你创新，认真只会更多的KPI、更多的压力、更多的埋怨、更多的抱怨，真正把自己变成机器。我们不管多伟大、多了不起、多勤奋、多痛苦，永远记住做一个实实在在、舒舒服服、快快乐乐的人。
>
> • 引自2013年3月31日马云在深圳IT领袖峰会上的演讲 •

在外界看来，阿里巴巴是一家由梦想驱动的公司，所有的员工都必须以公司为家，整日辛勤工作。其实除了工作上的忙碌以外，阿里巴巴还很关心员工们的心理健康，努力让员工实现生活和工作的平衡。

蚂蚁金服前董事长兼CEO彭蕾说："关注员工情感上的归宿，其实比大部分事情都重要。人在一个公司，如果你只会把他当成本、当机器，那不是好的CEO，不是好的人力资源。"

2007年7月，阿里巴巴召开了一次"五年陈"大会，马云在这次会议上说："我觉得我们阿里巴巴'五年陈'的人开始老成起来了。三年前看到大家脸上都洋溢着笑容，但现在都感觉很苦。金庸小说里有一个境界最高的人，就是老顽童，人的武功是跟境界成正比的。老顽童的境界非常高，并且永远开开心心的。我们不要忘了，阿里巴巴初创时设计的Logo（标志），就是一个笑脸。我们走进公司就能感觉到一种愉悦的氛围，而现在我们的老人都是暮气沉沉的。我觉得大家应该开心点，虽然我们很辛苦，我们的对手很强大，导致大家变得很严肃，但严肃不会让我们取得胜利。"

很多公司只关注绩效和业绩，却常常忽略了员工的心情。对此马云强调，要让阿里巴巴的员工笑着上班，而不是愁容满面地坐在办公室里。阿里巴巴一直在努力营造一个愉快的工作氛围，即"带着快乐工作"的氛围。其目的就是要把阿里巴巴打造成一个轻松又有活力的团体。

阿里巴巴举办了许多活动，使得快乐文化融入生活和工作的每一个细节中，让员工时刻都能感受到关怀。马云更是出现在很多活动的现场，与员工们一同分享快乐。

每年的5月10日,是"阿里日",马云会亲自主持在这一天结婚的阿里员工的婚礼。所有的员工家属,都可以在这一天走进阿里巴巴,参观员工的工作环境。阿里巴巴前执行副总裁卫哲说:"这恐怕是中国笑脸最多的一个公司。"正是这种快乐工作的氛围,使得阿里的员工对公司有极高的认可度。

"带着快乐工作"的工作氛围不仅提升了员工的工作效率,还为阿里巴巴吸引了众多的人才,其中就包括邓康明。在进入阿里巴巴之前,邓康明曾先后在甲骨文(中国)、微软(中国)等国际知名企业担任高管,但是他最终仍然决定加入阿里巴巴。他说:"这是一个有趣、有生机的公司。面试时,马云给我递过来的名片上面写着'风清扬',而我们所聊的话题居然是金庸、武侠,马云一边聊一边把玩着一把剑。我当时就想,这家公司和我以前待过的公司都不一样,这很有意思。"和马云聊完后,邓康明决定留下来,并且出任人力资源部副总裁。

> **微语录**
>
> 最佳的工作效率来自高涨的工作热情,所以让员工快乐工作是企业管理的重要事项。

尽量不从竞争对手那里挖人

企业请人很难。我很不喜欢"挖人"这一说。企业不应该去费力挖人,而应该费力费心培养自己的年轻人。最好的人才一定是自己发现、培养和训练出来的。

"树挪死,人挪活"是有道理的,但费劲挪动成功人士去你公司却很不一样,因为他们成活的概率和大树死的一样高。原因有很多,主要是由于你对他,他对公司的期望值不一样,以及大代价挖来会带来原来公司人才生态的失衡。人在那个环境里成功,未必会在你的环境里活下来。真正能干的人一定需要时间。

如果你希望公司稳健发展,尽量少从外面"挖"高层人员,多花时间招聘优秀年轻人,训练他们。好东西是需要时间的。

当然从外面请人也很有必要,否则公司的文化和创新都有大问题。但请人的原则是他对公司未来发展有好处,而不是要他立马拿效果、出成绩。同样对新请来的管理人要注意特别的培养和训练。

• 引自2014年马云在"来往扎堆"上的评论 •

从竞争对手那里挖人，是很多公司的做法。2017年，猎聘联合伯乐共同发起了一项调查研究，结果显示，在2015年有40%的人是从竞争对手那里跳槽而来，2016年有45%的人是从竞争对手那里跳槽而来，到了2017年一季度，这一数据达到49%。为什么大家都喜欢从竞争对手那里挖人呢？

企业的快速发展与扩张，离不开优秀人才的加入。因此，对很多企业，尤其是初创型企业来说，从竞争对手那里挖掘优秀人才，是十分有益的。一方面可以增加自身前进的动力，另一方面可以降低对手的战斗力。当竞争进入白热化阶段时，挖人也是一种竞争的策略，其目的就是瓦解对方的团队。特别是在高科技领域，同行之间互相挖人已经成了一种常态。

然而，阿里巴巴不提倡挖人。马云曾经明确反对从竞争对手那里挖人，他说："即使公司要关门了，我也绝不允许从外面招一个空降兵来担任公司的CEO。"马云不但说了，还把这个规定写进了公司的制度内，可见马云对此事的决心。

对于马云的这种做法，很多人表示不理解，明明能给企业带来好处，为什么马云不同意呢？其实，马云有自己的考量，他很清楚其中的利弊。

首先，挖来的人才未必能有良好的发挥。对于重金挖来的人才，企业往往抱有极高的期望值，希望他们能够在短时间内做出成绩。但是现实往往相反，人才到岗以后，需要一个适应期，才能找到发力点。如果不能融入公司的工作节奏之中，或者不能适应公司的企业文化，将很难为公司创造出期望中的价值。

其次，阿里巴巴除了看重能力以外，还很看重员工的人品。马云说：" 从竞争对手那边挖过来的人，如果让他说原来公司的机密，他就对原来的公司'不忠'；如果不说，他就对现在的新公司'不孝'；即使不让他说原来公司的机密，他在工作中也会无意识地用到，这样他就'不义'了。挖人不符合阿里巴巴的价值观，我们不希望'挖'过来的员工变成'不忠、不义、不孝'的人。"

马云还举了一个例子，来说明这种现象："美国通用电气公司和德国西门子公司竞争很激烈。从通用电气出来的员工认为'我再烂，我也不去西门子'；同样，西门子出来的人也是如此。这是因为从通用电气出来的人如果进了西门子，当西门子这边的人问起你在通用电气那边是怎么做的时候，你说了，对不起通用电气那些曾经和你一起拼搏的兄弟和老板；你不说，又对不起现在的新同事。所以，这些员工坚决不去竞争对手那里。我们一直强调的职业道德，就是这个。"

在马云看来，利用挖人来打击对手，不是长久之计。他不喜欢从竞争对手那里挖人，也不怕别人来阿里巴巴挖人，他曾经非常自信地说："别人开四倍工资也挖不走我的员工。"因为阿里巴巴除了满足员工的物质需求以外，还用理想和信念提高员工对公司的认可度。这样的公司不需要挖人，也不怕对手来挖人。

> **微语录** ●
>
> 从竞争对手那里挖人虽然能够为公司带来优秀的人才，却存在很多隐藏的弊端。相比之下，多花心思培养自己的员工才是解决人才危机的有效途径。

严格培训为阿里注入"新鲜血液"

16年前我们在湖畔公寓创业的时候,很难招聘到员工。那时我们有个愿望,未来的阿里巴巴将会是"弓马殷实,猛将如云"……为了这个理想,也为了真正实现健康持久发展102年的愿景,我们比其他创业公司投入了更多的时间和精力在人才培养、组织和文化的建设上。

从2003年开始我们对每一个岗位进行了接班人培训计划;我们把文化、价值观以及团队合作纳入对每个同事的业绩考核之中;2009年阿里巴巴十周年期,为确保对未来阿里文化的传承,我们正式启动合伙人制度建设;2012年开始,我们开始实施阿里巴巴领导群体年轻化的整体换代升级准备工作。同时,为更好地平衡集团整体战略的延续性、稳定性,以及执行管理的快速反应和创新,阿里集团成立了战略决策委员会(董事长担任主席)和执行管理委员会(CEO担任主席)。

形势比人强,形势逼人强。一路走来,我们很幸运抓到了互联

> 网给我们带来的机遇，我们也在模糊的感觉和坚定的自觉之中，形成自己对IT时代到DT（Data Tech，数据技术）时代公司管理体系的感觉和理解：DT时代，任何业务上的创新和变革，都必须伴随组织文化上的创新和变革。可以说，很幸运，我们为此很努力地准备了16年。
>
> 我清楚地记得，两年前给大家写信，宣布我将不再担任阿里巴巴集团CEO一职。因为我们知道未来的阿里巴巴会有无数次的CEO和组织接班，必须在我们年轻力壮的时候制定并积累组织传承的经验和规则。
>
> 未来是最难把握的，因为它变化，它无常。把握未来的最佳方法不是留住昨天或争取保持今天，而是开创未来。我们永远相信年轻人会比我们更能开创未来，因为他们就是我们的未来。投资年轻人群体就是投资自己的未来。
>
> 今天，我和陆兆禧非常骄傲地宣布，经过多年的努力，阿里巴巴集团已经可以把领导权全面移交给"70后"。
>
> • 引自2015年5月7日马云内部信：《这是年轻人的时代》•

相比于从竞争对手处挖人才，阿里巴巴更愿意自己培养人才。马云认为，对于管理层，他要请的是热爱这个公司、理解这个公司、愿意承担这个公司责任的人，而挖来的高管可能存在"水土不服"的情况。显然，内部培养才是最合适的方法。

阿里巴巴有个规定，无论新人来自哪里，在正式开始工作之前，都必须到杭州总部参加为期一个月的专项培训。在那里，他们将会接受专业的培训，包括阿里巴巴的九条精神、六大理念、四项原则、三大愿景等企业文化内容。

在阿里巴巴集团，人被视为最宝贵的财富。如何将每一位阿里人的个人能力成长融为持续的组织创新实践、集体文化传承，是对阿里巴巴集团建立学习型组织的最基础要求。

阿里巴巴针对新人制定了完善的培训系统，从入职前的关怀，到入职后的连续培训，再到实际工作时的长期跟踪，有一系列的制度帮助新人快速成长。

1. 培训新人基层员工

在培训新人时，阿里巴巴会采用高强度的训练，工作量甚至比正式入职后的更大，就像新兵入伍的三个月集训一样。等正式入职以后，员工们发现工作量并没有大幅增加，可以更轻松地安排工作，以便尽快适应岗位。

面向所有新进员工，举行"百年阿里"的宣讲活动，以"客户第一"为线索，还原阿里的核心价值理念，通过与八年以上员工经验的分享，传递阿里人的精神与秉持，建立新员工与组织历史、文化的连接。

2. 培训新人干部

针对干部的培训，阿里巴巴有一个"管理三板斧"必修课培训体系，针对初级、中级和高级管理者分别做Manager Skill（经理技能）、Manager Development（管理者发展）和Leadership（领导力）三个层次的管理培训，提倡通过个人成长来带动团队成长，进而促进企业的成长和发展。没有人天生会当干部，从员工到干部，从被管到管人，这是很大的一个跨度。

针对员工的不同阶段，以及新人的不同类型，阿里巴巴设置了不同的培训方式和内容，例如"青橙计划""百年阿里系列培训""领导力发展""阿里夜校"等，确保员工能够得到全方位的培养。对于基层管理者，阿里巴巴通常采购外部的课程。对于中层管理者，一般通过内部工作坊进行培训，此外还从外部采购一些精品课程，提高员工的综合能力。对于高层管理者，则主要围绕着战略去培训。

其中最有名的当属湖畔大学，它面向阿里巴巴集团高阶管理人员的成长培养。在湖畔大学，以学习的参与者为中心，建立平等、开放的学习体验，通过不同背景、经历的高阶管理者之间的分享交流，解决高阶管理者的融入、战略的对焦、领导力的修炼以及文化的传承问题。

通过这一系列的员工培训方案，每一位阿里员工都能不断提升自己的综合能力。即便是工作十几年的老员工，也能继续保持竞争力，而不会被市场淘汰出局。

此外，阿里巴巴集团还积极投入对公司外部人士的培训，帮助他们解决就业的困难。通过对受助人群的培训，淘宝网帮助了数万名残障人士成功实现就业，在为社会创造价值的同时，也提升了阿里巴巴的企业形象。

阿里巴巴的培训是非常严格的，培训之后员工还要经过严格的考核，阿里人称之为"有培训必有考核，有考核必有淘汰"。阿里巴巴集团前执行副总裁卫哲说，培训就像军队的演习，平时多流汗，战时少流血，阿里巴巴宁可在培训过程中把不合适的员工尽早淘汰，也不愿意让他们正式工作以后造成更大的损失。这不仅是对阿里巴巴负责,也是对员工本人负责。

> **微语录**
>
> 企业是由员工组成的,对员工进行培训,就是在提升企业的竞争力。

⏩ ▶ ▶ ▶ ▶

　　说起阿里人，很多人首先想到的就是马云，因为他经常在电视上出现。很多人会说马云一手创建了阿里巴巴，然而事实并非如此。阿里巴巴的成功绝非靠一人之力，马云的背后还有一支庞大的团队。马云非常重视对团队的建设，他曾说："阿里巴巴可以没有我，但不能没有这个团队。"

第五章

团队管理：
团体作战，打造一流的"阿里铁军"

靠团队打天下，不靠个人英雄

> 我们团队的文化核心是什么？我们都是平凡的人，聚在一起做一件非凡的事。我们不要精英，阿里巴巴不欢迎精英。
>
> 假如你认为你是精英，请你离开我们。因为我相信，如果有人说"我是精英"，这个人肯定不是精英。一个真正是精英的人，会把自己看得很低；当他以平凡的心态加入团队的时候，才有可能做出成就。
>
> 我以前经常反对MBA，现在不反对。但他们刚来的时候，不要让他们去做管理，可以把他们放在第一线。有一些MBA来了阿里巴巴，我让他们去广东销售部做销售，6个月以后活下来的，你说任何话我洗耳恭听，如果你死了，see you next time（下次再见）。
>
> • 引自2006年马云在北大光华管理学院的讲话 •

马云凭借自己的才能赢得了很多人的敬佩，但当听到人们说他"一手创建了阿里巴巴"时，马云会立即予以否认。阿里的成功靠的是团体打天下，而不是个人英雄主义。在如今这个年代，单枪匹马是做不成事情的，因为社会的分工越来越细化，每个人都只负责其中一个很小的方面，必须学会团体作战，才能从市场竞争中脱颖而出。

2000年，马云邀请金庸参观阿里巴巴，金庸欣然答应，并且题词留念："善用人才为大领袖要旨，此刘邦、刘备之所以创大业也。愿马云兄常勉之。"后来，这幅字一直被马云挂在办公室里。

马云就像刘邦和刘备一样，他主导创建了阿里巴巴，但是他本人并不负责具体事务，那些烦琐的事情都交给了公司内部的人才。马云能容人，所以能留人，他深知个人能力比不上团队的能力，于是把团队合作列入阿里巴巴的企业文化之中。

从最初的"十八罗汉"，到后来的"中供铁军"，阿里巴巴一直在宣传团队精神。马云说："我从来就不承认自己是什么知识英雄。阿里巴巴今天的成就是很多朋友的功劳，不是我一个人的。我不过做了5%的工作，朋友们做了更多默默无闻的工作。他们把我推上前台，我只是他们的代言人。"

如果说"十八罗汉"是阿里巴巴的奠基人，那么"中供铁军"就是阿里巴巴的开拓者。在阿里巴巴所有的团队中，"中供铁军"是最剽悍、最具战斗力的一支！"中供铁军"是阿里巴巴集团的传奇，也是整个阿里巴巴生态不断延展的人才基础。

"中供铁军"之所以有如此强大的战斗力，是因为他们的"铁人三项"很厉害。

1. 铁的目标

每个月月底,"中供铁军"都会把下个月的目标写出来,并且细分到每一个小团队、每一个人、每一个步骤。这就代表着层层绑定,目标不是一个部门领导的责任,也不是一个区域经理的责任,而是所有人的责任。目标一旦敲定之后,下个月就必须完成。无论是谁完成了目标,或是有了最新的战况,都会有消息传达给整个团队。

2. 铁的纪律

除了有铁的目标,还要有铁的纪律,方能确保目标的实现。在阿里巴巴,"中供铁军"对公司的各项决策都能保证服从,即便是干部调动,也从来不会出现任何问题。这就是铁的纪律。在铁的纪律下,"中供铁军"拥有强大的执行力,超强执行力的一个体现就是"指哪儿打哪儿"。

3. 铁的意志

高强度的工作,必须有铁一般的意志力。如果没有铁一般的意志,"中供铁军"就无法走到今天。最繁忙的时候,每个人一天要打500通电话,拜访30多个客户。强度如此之高的工作,很少有人能够日复一日、年复一年地坚持下去,但是"中供铁军"坚持了下来,他们硬是凭借一支直销"铁军",销售出了一家上市公司。

聚是一团火,散是满天星。"中供铁军"的骁勇善战,不仅帮助阿里巴巴成功崛起，成为电商领域的后起之秀，还为互联网行业培养了一大批优秀人才。

> **微语录**
>
> 企业打造一支优秀的明星团队，比招聘一个能干的孤胆英雄更加重要。

唐僧师徒是最好的创业团队

> 说到团队，中国人都喜欢刘（备）、关（羽）、张（飞）、赵云、诸葛亮，但这样的团队很难找，千年等一回。我最喜欢的是《西游记》团队，唐僧、孙悟空、猪八戒、沙和尚，这些人很容易找。唐僧这样的人，能力没有多少，但目标很明确，就是取经，这样的领导你们单位有没有？有。孙悟空是能力最强的，但是他的麻烦也很多，成功是他，失败也是他，这样的人你们单位有没有？也有。猪八戒就更多了，干活的时候能躲就躲，有吃有喝的时候来得最快。沙和尚呢？管他什么使命感、价值观，一天八小时打卡上班，挑着担就走。这样的团队到处都是，这是生活中实实在在的团队，但就是这样一个团队，经过了九九八十一难，取得了真经。
>
> • 引自2008年6月马云在"光华—微软联合课程"上的演讲 •

很多人把唐僧师徒四人比作一个创业团队，把他们取经的故事比喻成创业过程，并且对它进行分析，把它当成团队合作的典范，反复宣讲。我们知道，取经团队里的每个成员都有自己的优点和缺点。结合唐僧师徒的取经历程进行分析，可以得出一个结论：要想组建一个合格的创业团队，并且获得成功，必须具备两个要素。

1. 必须用坚定的信念凝聚人心

古人云："人心齐，泰山移。"任何一个团队，都必须拥有一个共同的信念，在理想的感召下，所有人都愿意为之付出努力。对于唐僧师徒来说，这个信念就是前往西天，取得真经。虽然途中也曾发生分歧，甚至一度人心涣散，但是在磨难过去之后，师徒四人再次踏上了西行的旅途。这就是信念的作用。

在创业之初，阿里巴巴就为自己树立了一个光明的愿景：做102年的企业，做世界十大网站，是商人就一定要用阿里巴巴。在此基础上，阿里巴巴产生了"让天下没有难做的生意"的信念，正是这种伟大的信念，为阿里招揽了一批又一批优秀的人才，帮助阿里渡过了一个又一个难关，如同唐僧师徒一样，历经九九八十一难，也要坚持实现目标。

曾经有一家国内媒体在参观完阿里巴巴集团之后，做出了这样的评价："如果你见到阿里巴巴的员工，你一定会惊叹于他们对组织的热爱，他们的梦想与坚持。你会发现，无论他们的职位、层级如何，都有一种共同的精神，这种精神不同于任何洗脑式培训带来的短期效果，而是一种长期共同奋斗沉淀下来的信仰。"

2. 具备不同特征的人才

唐僧师徒四人的性格迥然不同，各有特色：唐僧怯懦，孙悟空急躁，猪八戒懒惰，沙僧老实。可为什么他们能够成功呢？原因很简单，这四个人的性格虽然各不相同，但各自拥有独特的才能，弥补了团队的短板。

马云曾经对此做过评价，他说："唐僧这样的领导，对自己的目标非常执着；孙悟空虽然很自以为是，但是很勤奋，能力强；猪八戒虽然懒一点，但是拥有积极乐观的态度；沙僧，从来都不谈理想，脚踏实地地上班。因此，这四个人合在一起就形成了中国最完美的团队。"

可以看出，这四个人的特点都很重要，缺少任何一人，团队都会出现短板。缺少唐僧，就没有了支撑团队前进的信念；缺少孙悟空，团队就不可能渡过难关；缺少猪八戒，取经之路就会变得很无趣；缺少沙僧，团队就少了一个保障后勤的人。

在阿里巴巴的"十八罗汉"中，也有四个非常突出的人物。一是马云，他是阿里巴巴的精神领袖；二是蔡崇信，他毕业于耶鲁大学，业务能力突出，他的到来，使公司开始规范化运作；三是吴炯，曾任阿里巴巴集团CTO（首席技术官），领导开发了淘宝网以及相关系统的核心技术和产品设计；四是关明生，曾出任阿里巴巴COO（首席运营官），帮助阿里巴巴实现盈利。

阿里巴巴的创业之路，与唐僧师徒的取经之路非常相似，二者都有一个坚定的信念，并且找到了众多人才，形成优势互补，组建了一个强大的团队，最终都获得了成功。

> **微语录·**
>
> 要想组建一个成功的创业团队，首先要确定一个团队的目标，其次要注意合理搭配人才，弥补团队的短板。

"大中台+小前台"的组织模式

> 刚才彭蕾在讲,51路汽车,我刚才查了一下,51路汽车现在还在运营,只不过是那时候的车票是两毛钱,现在变成了四块钱。我依旧相信北京的很多同事,早上跟我们一样,天不亮开始赶汽车、挤地铁,从各方面赶到我们的公司。
>
> 回过来一想,已经八千人了。在北京我们到底应该怎么办?我们如何建立一个强大的公司管理、运营系统,能够让大家得到足够的支持,使大家有归属感,使大家有真正加入阿里生态系统的感觉?这些问题其实困扰我很久。中国企业管理全球这样的办事处乃至全国的办事处都比较缺乏经验,我们并不觉得我们应该像工厂一样去管理,我们也并不觉得我们应该像国有企业一样去管理,我认为现在很多跨国企业的管理也不对。到底什么是在这个时期我们需要的一种管理的模式、一种组织的模式、一种文化的模式,来适应我们未来的发展?

• 引自2015年4月23日马云在北京员工大会上的演讲 •

阿里巴巴从最初的十几名员工，发展到今天的几万名员工，体量已经翻了很多倍。庞大的规模带来了新的难题：如何对团队管理做出改进？

创业时期的管理模式已经明显跟不上阿里巴巴的扩张速度，由此引发管理不善、效率低下、事业部各自为政等问题。阿里巴巴不愿意继续走大企业、大机关那种官僚层级管理的老路，因为这种模式的弊端会造成体制的僵化，使阿里巴巴无法跟上互联网时代的变化。阿里巴巴希望能采取更分散、团队更自主管理的模式。在互联网不断发展的时代，阿里巴巴必须着眼于未来进行全面变革。

2015年，马云带领团队前往欧洲，参观了一家游戏公司——Supercell（超级细胞），学习他们的"大中台架构"管理模式。这家公司在当时号称是世界上最成功的移动游戏公司，以小团队的模式开发了多个爆款游戏。

从欧洲回来后，阿里巴巴对公司的架构进行了调整，制定了"大中台+小前台"的组织模式，希望避免大公司常见的部门之间互相争夺资源的情况。前方作战单位应该尽量小，马云将其形象地比喻为"3斤小龙虾"战略，小到一顿消夜只点3斤小龙虾就够；后方能支援他们的力量尽量大，大到像航母舰队一样，导弹火箭一应俱全。

2015年12月7日，时任阿里巴巴集团CEO的张勇宣布"大中台+小前台"战略正式开始实施。围绕着这个战略，阿里进行了一系列的组织架构调整：成立阿里巴巴集团中台事业群，包括搜索事业部、共享业务平台、数据技术及产品部；阿里巴巴集团零售电商事业群包括淘宝、手机淘宝、天猫三大业务部门；阿里妈妈、云计算和菜鸟三大事业群，将更为独立地发展。另外，组建集团平台治理部，重组集团公关部和商家事业部。

经过调整以后，阿里巴巴的组织架构发生了巨大变化，原本庞大的树状结构，被拆分成一个个互相独立的网状结构。同时，阿里巴巴不再沿用过往的分设事业部的方式，而是将已有的25个事业部打乱，根据具体业务将其中一些能够为业务线提供基础技术、数据等支持的部门整合成为"大中台"，统一为业务线提供支持和帮助。

在"大中台+小前台"的模式中，起到核心作用的是"大中台"。它通过数据技术，对海量数据进行采集、计算、存储、加工，最后形成统一的标准和口径，为前线作战的无数个"小前台"提供技术支持，进而为客户提供高效服务。小前台就像一个规模很小的在一线作战的特种部队小组，可以根据实际情况迅速决策，并且向后方部队寻求支援。收到一线部队（小前台）的信息之后，远处的航母舰队（大中台）发射导弹进行精确射击，提供强大的火力支援。

"大中台+小前台"的运营模式促使组织管理更加扁平化，使得管理更加高效，组织运作效率提高，业务更加敏捷灵活。不仅能降低重复建设、减少协作成本，还能为阿里巴巴在市场竞争中打造差异化的优势。

> **微语录** •
>
> 随着企业规模的扩张，管理模式也应当进行相应的调整，以便符合当前的实际情况，以免对企业的发展造成阻碍。

"管理三板斧"化解内部管理危机

2008年对阿里巴巴来说是一个艰难的年份。大家可能觉得2008年是一个好年，是中国奥运年。但根据我们对整个世界经济和中国经济的判断，阿里巴巴在2008年是老鼠年，我们的战略是"深挖洞、广积粮、不称霸"；我们2008年将做强、做深，不做大；我们不会往横向规模扩展。2008年是夯实的一年，要把业务做扎实，把客户服务做扎实。阿里巴巴发展史上逢单出击、逢双练功，2008年我们不应该把自己弄得非常响，我们要低调处理。

2008年要准备好过"冬"。美国次贷危机以及整个世界、中国的问题，互联网可能面临另外一层"冬天"的到来。

B2B在2007年年初本来不准备上市，但是年中加速上市，因为我们预感到"冬天"要到来。从战略储备上来讲，我们已经准备好了过"冬"的物资，但是我希望所有的员工要准备好过"冬"的心态、毅力和能力的培养。

我不是危言耸听，这次"冬天"来会很长久。但是"冬天"后

> 活下来的人就有机会赢。阿里巴巴要变成last man standing（最后一个站在战场上的人），这是我们的意志和毅力。
>
> • 引自马云2008年新春演讲稿 •

在企业发展的过程中，阿里巴巴曾经多次遭遇危机。其中大部分危机都被阿里人努力克服了，但是也有些危机使得阿里团队内部发生了动荡。俗话说"堡垒最容易从内部攻破"，面对这种情况，阿里巴巴的高层管理人员进行了商讨，最后决定推出"三板斧"战略管理模式，对团队进行整顿。

阿里巴巴的战略"三板斧"由上、下两部分构成：上"三板斧"是使命、愿景、价值观，这是阿里巴巴的战略核心；下"三板斧"是组织、人才、KPI，这是阿里巴巴的战术执行方法。两者结合，形成战略与战术的统一和落地。

具体到管理层级，"三板斧"的内容更加细化。

（1）腿部"三板斧"：拿结果、Hire&Fire、建团队。

腿部管理者是公司的基层管理者，他们通常负责具体的工作，推动任务的落地执行。

Get Result（拿结果）：结果很重要，没有结果的工作是白费力气。管理者必须告诉每一位员工：你的期望值是什么、员工在团队中的位置、怎样改进等。

Hire&Fire（招聘与解雇）：会招人，会开人，这是每一位管理者都应当具备的能力。

Team Building（建团队）：团队建设不只是聚餐、旅游那么简单，最重要的是让团队围绕业务和客户，在实战中锻炼和成长。

（2）腰部"三板斧"：懂战略、搭班子、做导演。

腰部管理者是公司的中层管理者，他们负责将公司的战略转化为执行。

懂战略：知其然，还要知其所以然，要将战略转化为执行，还要理解这样做的意义是什么，领会上级的战略意图。

搭班子：腰部管理者的核心任务是配置资源，使得公司的资源能够得到有效利用。在此过程中，为了让信息得到有效传递，腰部管理者必须使用能够让对方理解的方式。

做导演：根据公司战略做好角色分配和资源协调。

（3）头部"三板斧"：定战略、造土壤、断事用人。

头部管理者是公司的高层管理者，需要建立完善的体系、定方向和做决断。

定战略：战略关系到公司的发展方向，定战略就是要设计和打造适应发展趋势和满足市场需求的产品。

造土壤：人才的成长需要优良的土壤。头部管理者需要为公司制定公开透明的制度，营造稳定的增长区间和良好的团队氛围，从而让人才产生归属感。

断事用人：这是头部管理者的核心工作之一。一方面要判断形势，做出正确的决断；另一方面要知人善用，还要用人所长。

在阿里巴巴的所有管理制度中，唯有"三板斧"是完全土生土长的一套方法。它不是马云一个人的成果，而是整个团体的智慧结晶。当时参与开发"三板斧"项目的就有十几个人，每个人都从自己的角度，对这个项目提出了宝贵的建议。正是这些高度概括、生动形象的管理技巧，让阿里的团队管理收获颇丰，打造了一支战斗力强悍的"铁军"。

> **微语录**
>
> 在制定企业战略之前，首先要想清楚：目标是什么？代价是什么？资本是什么？离开这三个基础问题，战略就是空谈。

"政委体系"保证团队的战斗力

> 我作为阿里巴巴的CEO,感觉是so far, not so good, so ok(目前为止,不是太好,还算可以)!但十几二十年后,我不可能一直把CEO当下去,因为后面的年轻人会超越我。我只是一个4×100米接力赛的第一棒选手,当我跑完第一棒时,是第一名;但你不能保证第二棒还是第一名,如果逞强,就把团队给害了。所以,我在跑第一棒时就尽力把自己的工作做好。
>
> 员工也是一样,"铁打的营盘流水的兵"。员工必须坚持理想、使命感、价值观,一代代地传承下去。像DNA一样,这个公司的人可以老去,但是这个企业的文化必须继承下来,一代代传下去,才能有不断的创新。
>
> ·引自2006年马云在杭州师范大学的演讲·

在管理方面,阿里巴巴借鉴了很多其他行业的管理方法,"政委体系"就是其中之一。

阿里巴巴的"政委体系"不是凭空出现的，它是在发展过程中慢慢成形的。在发展壮大的过程中，成员数量也在急速上升，这些新加入的成员来自不同的地方，拥有不同的背景，如何处理他们之间的关系，就成了阿里巴巴迫切需要解决的难题。如果处理不好，团队就成为一盘散沙，这样的场景不是大家想要看到的。在公司层级增多、跨区域发展的情况下，如何继续保证企业文化和价值观的传承，这对组织发展和人才培养是非常关键的。

于是，阿里巴巴创造性地在团队领导之外单独设置一名"政委"，二者平起平坐，但分工不同。团队领导负责业务方面的工作，而"政委"负责凝聚人心，守护公司的价值观。

阿里巴巴的"政委体系"分为三层：首先是在每个城市的各个区域都设置一个小"政委"，与区域经理搭档；其次是中级"政委"，与高级区域经理搭档；最后是阿里巴巴的人力资源总监，是实际上的大"政委"。

"政委体系"建立以后，很快取得了良好的效果。借助于"政委体系"，阿里巴巴可以保证团队在高速扩张中不会因为内部矛盾而战斗力锐减。总的来说，它的作用主要体现在三个方面。

（1）保证企业对下属团队强有力的领导，通过优化组织架构，确保组织价值观、愿景、使命的落地。

（2）凝聚人心，增强了团队的战斗力。"政委"与同级的业务经理各司其职，相互配合。业务经理负责处理具体事务，而"政委"负责激励士气，解决经理的后顾之忧，让团队能够同心协力，冲刺业绩。

（3）双线领导，互相监督，互相制衡，避免出现领导独断专行、山头林立等问题。"政委"并非只会思想工作，他们往往会在业务会议中提出非常专业的、非常尖锐的问题。很多人和阿里巴巴的"政委"打过交道以后，都会被他们对业务的了解震撼到。

"政委体系"的出现，帮助阿里巴巴解决了在扩张过程中出现的管理问题，真正把阿里巴巴的企业使命、愿景与价值观变成了员工的信仰、习惯和行为，在推动企业战略目标落地的过程中发挥了不可替代的作用。

> **微语录**
>
> 阿里巴巴是一家非常重视企业文化的公司，"政委体系"的存在，正是为了维护企业文化。

轮岗制：以更高的视角看问题

> 去年阿里巴巴上市以后，我做了一个很大的举动，让我们淘宝网总裁孙彤宇、阿里巴巴集团COO李琪、阿里巴巴集团CTO吴炯、阿里巴巴集团资深副总裁李旭晖离开公司，休假两年半。中国的阴谋论特别多，说我"杯酒释兵权"，以为企业一好赶紧把他们赶走。其实底下的人高兴得不得了。天天喊着休息，现在给你两年时间休息，不许回公司，公司拆了跟你也没有关系，你就该干什么干什么，我不管你。
>
> • 引自2008年6月5日马云在"光华—微软联合课程"上的演讲 •

轮岗制度是培养人才的有效方式之一，如今已经被很多大公司采用，例如华为、联想、京东、百度等公司都有轮岗制度。轮岗制度可以避免企业高管拉帮结派、自立山头，帮助企业摆脱缺乏活力的发展瓶颈，另外还可以培养未来的管理者。

阿里巴巴集团一直都有内部轮职的传统，管理层每年都会发生调动。但是这种调动不是盲目进行的，它需要满足一定的要求才可以。这种轮岗文化是从"阿里铁军"开始建立的，当时的阿里巴巴正处于市场开拓期，竞争压力很大，很多时候不得不临时调兵遣将，把一线销售派往全国各地。岗位调动让他们归零，重新开发新市场，随时整装待发。从上海调广州，从厦门调青岛，从宁波调深圳，频繁调动。公司的命令下达十分仓促，员工们反应时间有限，只能匆匆忙忙地订好机票，准备出发。这就是轮岗制最初的样子。

2007年，阿里巴巴B2B业务在香港联交所主板挂牌上市。那一年的平安夜，当阿里上上下下洋溢着欢乐的氛围时，马云却向全体员工发了一封公开信，宣布旗下四大板块高层将进行轮岗，例如孙彤宇、金建杭、李琪、吴炯、李旭晖、曾鸣、陆兆禧等人。这些人当中，有的是阿里巴巴的"开国元老"，有的是"十八罗汉"之一，还有的是集团副总裁，但是他们仍然要执行轮岗的命令。其中一部分是根据干部轮休学习计划，需要离岗学习；另一部分则是当时的三大子公司淘宝、中国雅虎、支付宝高层轮换。

很快，这种针对高层管理人员的轮岗被人曲解为"杯酒释兵权"。很多人认为，这是马云功成名就之后，对创业元老展开的清洗。实际上，轮岗制度对企业和员工都有好处。轮岗制度使得员工的流动性很强，从而为员工提供了崭新的视野，拓展了他们的能力，让人才有更多的机会。例如，阿里巴巴曾经有一位计算机博士，由于人手短缺，便让他去校园宣讲招聘，结果发现效果很好，吸引了不少优秀的人才，于是就让他去做招聘了。

轮岗制度不仅能极大地锻炼一个人的能力，还对员工的职业生涯有很大好处。轮岗经验，可以为员工将来的晋升打下扎实的基础。"十八罗汉"之一的彭蕾原本是一名教师，在HR（人力资源）领域没有任何经验，可是通过不断的学习，她成了一名HR专家，一路做到了CPO（首席人才官），接着又跨界做蚂蚁金服的CEO，这样的轮岗经历使得她对整个集团的经营、文化有非常扎实的、多方位的认识和实践，从而成为业界赫赫有名的女企业家。

轮岗制保证了阿里巴巴的活力，让企业文化得以传承下去。老员工到了新岗位，虽然在专业能力上还有所不足，但是他们早已得到企业文化的熏陶，自然就保证了文化的有效传承。如果每个新业务都招一群新人，很可能就会导致公司文化出现裂缝。

在阿里巴巴，员工也可以主动申请轮岗。阿里巴巴内部有一个规则：在本岗位工作满两年的员工，可以向主管提出转岗申请，只要主管和对方单位的主管同意，就可以转过去；在本岗位工作满五年的员工或管理人员，只要对方单位愿意接收，就可以直接转岗，无须取得上级主管的同意。

不过，有些岗位是不能随意轮岗的，比如让营销人员去做设计，或者让程序员去做财务，很显然专业跨度太大，除非经过相关人员的考核，否则很难通过申请。这些具有高度专业性的岗位，仍然要由专业人士来从事。

> **微语录** •
>
> 轮岗制度可以重新点燃员工的工作兴趣，有利于员工的自我提升，可以实现员工和企业的双赢，成为企业培养人才的一种有效方式。

合伙人制度：将价值观延续下去

> 为了确保公司长期健康的发展，确保客户、员工、投资者和各方参与者的长期利益，阿里巴巴做任何决定都需基于共识、协作和承担责任的原则，阿里巴巴合伙人制度正是这种运营思想的体现。我们相信，这样跨领域合作的机制能促进管理者们去除官僚主义和等级制度，实现团队协作，从而更好地提升公司业务。
>
> 要运营好一个阿里巴巴这样大而复杂的生态系统，绝对不能依靠一两个创始人或管理层，不论他们多么有能力，我们必须借助一个机制并选拔更多在各自领域出类拔萃并有共同信念的人。合伙人保障的不是合伙人的利益，而是要用一套制度来保障我们的使命感、价值观、愿景和文化。我们通过吸纳新的合伙人，来平衡坚守核心信念和保持开放性，确保我们的生态系统和运营机制随着时间和规模发展而不断演进。
>
> • 引自2014年9月5日马云致投资者公开信 •

很少有公司像阿里巴巴这样，对企业价值观如此重视。如何才能让价值观长期保持下去，使其能够经受时间的考验呢？阿里巴巴给出的答案是用制度来保障，其中一项非常重要的制度就是合伙人制度。

阿里巴巴的合伙人不同于一般意义上的合伙人，阿里巴巴的合伙人拥有一项特殊的权力，他们可以提名董事人选，这与其他公司按照股份持有比例分配董事提名权的做法完全不同。马云等创始人的理念是仿效高盛和麦肯锡的模式，将管理层分为三个梯度以推进公司运作：新进人员负责具体执行，中层管理人员负责战略管理，而合伙人团队主要关注人才选拔和企业的发展方向。根据该梯度设计对应职责，必须存在一种机制以确保创始人和管理层被赋予相应的公司控制力，这就是阿里合伙人制度的灵感来源。

阿里巴巴的合伙人还有一个合伙人委员会，这是该项制度的权力核心。合伙人委员会拥有两项职能：负责管理合伙人的选举活动，提议和执行阿里高管年度奖金池分配。合伙人委员会由五位合伙人组成，每一届任期三年，可以连选连任。

合伙人的入选资格条件比较简单，包括为阿里巴巴或密切关联公司工作五年以上，必须拥有一定的阿里股份，必须具有非常正直的人品，对公司发展有积极贡献，能够传承公司文化或者愿为公司价值观竭尽全力，等等。但是从实际情况来看，要想成为合伙人中的一员并不是那么容易的事。

应当说，上述条件只是成为候选人的基础条件，阿里巴巴每年都会进行一次新合伙人选举。先由合伙人向合伙人委员会发起提名，再进行投票，现有合伙人一人一票，只有获得75%以上的票数，候选人才能被选为新合伙人。

合伙人制度的出现，帮助阿里巴巴解决了两个问题。

1. 董事会成员的任命问题

通常董事会成员的选举权是由股东按照比例分配的，但是阿里巴巴管理团队的股份经过多次稀释，占有的股份较少，为了避免失去对公司的控制权，选出与公司价值观不符的董事会成员，阿里巴巴实行合伙人制度，通过合伙人提名董事的做法，将控制权牢牢握在手中。即便遭到了很多人的反对，马云也坚持不改，为此他推迟了在纽约上市的时间。

2. 接班人问题

马云不可能永远掌控阿里巴巴，他希望用合伙人制度选出合格的接班人，把公司的价值观传递下去。在合伙人制度的影响下，公司的年轻员工们会主动传递阿里巴巴的价值观，这样就确保了企业的长久发展。

需要注意的是，除了马云和蔡崇信以外，其他所有合伙人都不是永久的，也就是说有失去合伙人资格的可能性。根据阿里巴巴公布的资料，阿里巴巴的合伙人符合以下某一情形的，就丧失了合伙人的资格：

（1）60岁时自动退休。

（2）自己随时选择退休。

（3）离开阿里巴巴工作。

（4）死亡或者丧失行为能力。

（5）被合伙人会议50%以上投票除名。

合伙人制度开始于2010年,率先在阿里巴巴创业团队内部试行,"十八罗汉"辞去了创始人的身份,改为合伙人。时至今日,阿里的合伙人总数已经发展至三十余人。

> **微语录**
> 领导团队的更替,不仅仅是为了传承,还为了蜕变。

⏩ ▶ ▶ ▶ ▶

作为一家互联网企业,营销是阿里巴巴的必修课。阿里巴巴对营销管理的基本理念是:既要营,也要销。换句话说,就是既追求结果,也注重过程。追求结果,指的是通过营销将阿里巴巴的产品推广出去,在市场上站稳脚跟;注重过程,则是指营销的方式应当紧随时代的变化,采用多种营销方式形成组合拳。

第六章

营销管理:
既要追求结果,也要注重过程

营销的最高境界是传播品牌文化

> 我们选择阿里巴巴这个名字,是因为我们那时候创办这个公司,希望做一家80年的企业,希望成为全世界的十大网站之一,也希望全世界只要是商人一定要用我们。既然有这样一个想法,你就需要有一个优秀的品牌、优秀的名字,让全世界的人都记得住。(我们)没有想在中国做一个网站,而是想在全世界做一个网站。那时候就想了好多天,想什么名字比较好,最后觉得"阿里巴巴"这个名字很好。第一人家记得住,然后全世界的发音都一样。然后我觉得阿里巴巴——你刚才讲得对——他是一个比较善良正直的青年,他希望把财富给别人,而不是自己抓财富。所以我们后来把这个英文叫open sesame(开门咒语),给中小型企业网上芝麻开门。
>
> ——引自2003年马云在《财富人生》节目上的谈话

企业的经营离不开营销和推广,阿里巴巴也不例外。和我们常见的电视广告不同，阿里巴巴几乎从不为产品打广告，他们的营销全部集中在品牌上。

阿里巴巴的营销是从品牌名开始的，早在创办阿里巴巴之前，马云的脑海中就已经有了一个明确的目标——做一家全球化的公司，他必须给公司取一个响亮的、容易记住的名字。为此他前后征集了100多个名字，然而没有一个让他感到满意的。一个偶然的机会，他去美国出差，脑海中忽然想起了《一千零一夜》中的阿里巴巴，他觉得阿里巴巴是个很好的名字。他立刻问餐厅服务员知不知道阿里巴巴，服务员说知道，还笑着说了阿里巴巴开启山洞的咒语——芝麻开门。于是，阿里巴巴这个名字就被确定下来了。

但在注册网站的时候，马云才知道阿里巴巴的域名已经在加拿大被人注册了。这意味着马云无法再使用这个名字。他很不甘心，决定把域名买下来，这需要他付出1万美金。在当时，这是一笔不小的金额，但是马云还是咬牙将它买了下来。

中国的大多数企业对于品牌的投入都不足，没有意识到品牌建设的重要性，因此在做营销的时候，它们的重心是推广产品，而不是推广品牌以及公司的价值观和理念。

相比之下，马云对营销的认识比较深刻，他并没有停留在产品广告上，而是通过多种方式传播品牌文化，迅速提高了阿里巴巴的品牌知名度，也引领了电子商务在中国的发展潮流。BrandZ于2017年发布的中国出海品牌30强和2018年发布的50强名单中，阿里巴巴均位列前三。据2018年的《BrandZ全球零售品牌价值报告》显示，阿里在全球前20个增长最快的品牌中排名第二。

阿里巴巴的品牌营销是多角度、全方位进行的。他们积极参与并主持互联网及相关领域的活动，例如"西湖论剑"、世界互联网大会、网商大会、杭州网货交易会、"双十一"活动等，以提升自身在行业内的影响力。以"西湖论剑"为例，第一届"西湖论剑"于2000年举办，主要嘉宾有张朝阳、王志东、丁磊、王峻涛、马云、金庸。这次活动的主题是"新千年，新经济，新网侠"，而当时距离阿里巴巴正式成立才过去仅仅一年，很多人还不知阿里巴巴是什么。

"双十一"指每年的11月11日，是指由电子商务为代表的，在全中国范围内兴起的大型购物促销狂欢日。

"双十一"又称"光棍节"，原本是网络流行文化，被天猫、京东等电商网站用来做促销活动，成为中国互联网领域内最大的商业活动。2009年，"双十一"淘宝的交易额仅仅为5000万元，第二年就飙升至9亿元，第三年升至52亿元。2018年11月11日当天，2分05秒天猫成交额突破100亿元；1小时47分27秒，成交额突破1000亿元；全天交易总额2135亿元。

马云还在各类活动上现身，四处发表演讲，把一次次演讲打造成了他的企业家个人秀。马云频繁"刷脸"，目的在于建立受众认知。他用卓越的演讲口才俘获了无数观众的心，也借机成功地将阿里巴巴的企业文化和价值观传播了出去。可以说，马云把自己打造成了阿里巴巴的精神领袖，而这一策略也取得了很好的效果。

此外，阿里巴巴还通过多种营销方式传播品牌文化，例如积极举办蚂蚁森林、蚂蚁庄园等公益事业。做公益不仅提升了企业的正能量，使企业获得了好口碑，还给支付宝用户提供了社交和娱乐的新选择。

> **微语录**
>
> 品牌的力量是巨大的,所谓的品牌营销,就是要建立起消费者对品牌的信任和依赖。

将免费策略变成营销的撒手锏

> 我们家不收钱,而且我们家的菜比他家的好。如果你的菜不好,免费我也不吃,吃了拉肚子怎么办?大家吃了以后就会说,我觉得你不是免费的。一拍网当年也是免费,雅虎和新浪合作也是免费,现在QQ弄了个拍拍网也是免费,免费的网站多得很。现在全中国真正收费的只有几个网站,大部分全是免费的。
>
> 免费只是个手段,你必须创造出比收费更好的服务,比收费网站创造出更高的价值你才有机会赢。别人看到淘宝网赢了,以为是因为免费,于是都免费。雅虎和新浪合资的一拍网钱比我们多,品牌比我们好,访问量比我们大,也同样免费,又怎么样?eBay这两天开始免费了,又怎么样?
>
> · 引自马云在《财富人生》节目中的谈话 ·

免费策略是一种杀伤力很强的营销方式,特别是在互联网领域,免费营销十分常见,例如免费看视频、免费看新闻、免费看电子书等,各种免费营销让消费者目不暇接。作为一家互联网企业，阿里巴巴集团非常善于使用免费策略，并且曾用免费策略击败过强大的对手，确立了独一无二的市场地位。

在阿里巴巴创立之前，中国市场上已经有了一家互联网公司，它就是瀛海威。这家公司成立于1995年，它的前身是北京科技有限责任公司。瀛海威，是information highway的音译，意思是信息高速公路。当时，瀛海威在北京中关村的南大街上制作了一块巨大的广告牌，上面写着："中国离信息高速公路还有多远？向北1500米。"广告牌往北1500米，正是瀛海威的公司所在地。

在经营模式上，瀛海威采用美国在线（American Online）公司的收费入网模式，开拓了一批用户，维持着一定的规模。然而，马云在对瀛海威进行考察之后，当即断言，这种模式是没有出路的。他认为当下的任务是尽快打开中国市场，培养人们的使用习惯，把蛋糕做大，而不是急于分蛋糕。于是，他对外宣布采用免费策略。很快，阿里巴巴就被各路媒体纷纷报道，并且最终被软银、高盛等投资机构发现，他们向阿里巴巴注入了几千万美元的资金。很快，阿里巴巴便在软件和硬件等方面彻底超越了瀛海威。

此后，阿里巴巴旗下的淘宝网成立，马云继续采取了免费营销策略，分成几个战略步骤。

1. 免费提供解决方案

淘宝网提供的服务是网上交易，因此在营销上也集中全力宣传网上交易和网络购物。通过仔细分析，马云认为网上交易可以满足人们两个需求。

（1）在网上免费开个小店，不要房租，只需要一点点电费即可，这一部分人是潜在的网店卖家。

（2）在网上买东西，不需要气喘吁吁地赶到商店，也不需要排队等待，只需轻轻一点，就可以买到自己想要的东西，这部分人是潜在的买家。

淘宝成立后不久，全球爆发了非典事件。这原本是毫无关联的两件事，然而非典却在无意中成就了淘宝。当时由于疫情，很多人不得不待在家里，而淘宝的交易模式正好解决了人们购物的难题。于是，很多用户开始主动帮淘宝宣传，淘宝几乎没花一分钱就进行了宣传，用免费营销策略吸引了众多用户。

2. 培养一批优秀的卖家

淘宝需要吸引一批优秀的卖家，并且让他们能够赚取利润，才能将平台推广出去。于是，淘宝打出了"个人开店"的口号，邀请人们前来使用。淘宝有一句经典的文案是"不吃饭，不睡觉，坐着也能赚钞票"，形象地说明了当时的营销场景。

3. 增加用户的忠诚度

免费营销策略起作用之后，淘宝还要增加用户的忠诚度。如何增加用户的忠诚度呢？淘宝给出的答案是向用户提供高质量的服务。淘宝对已有的网购模式进行了调整，从而将诚信、支付、物流这三大难题一一解决，有效提升了客户的忠诚度。此时淘宝的营销重点在于良好的网购体验。

4. 盈利环节

免费营销的目的是吸引用户流量，为之后的盈利做准备。等淘宝网在市场上站稳脚跟以后，免费营销策略已经取得了效果，于是淘宝开始推出一些收费项目，例如淘宝旺铺、相册空间、直通车等。

由于淘宝网上的卖家越来越多，竞争日趋激烈，卖家为了获取客流量，赚取利润，心甘情愿地掏钱购买淘宝的付费服务。至此，淘宝凭借自己的免费营销策略，在国内站稳了脚跟。

> **微语录** •
> 免费并不是永远不收费，而是先吸引客户，再想办法收费。

全域营销,打通线上线下一体化

> 为什么电子商务是一个传统的概念?我讲纯电子商务将会成为一个传统的概念。二十多年以前,我们开始做互联网的时候,其实我们并不是一开始就做淘宝、天猫、支付宝。我们到2003年才意识到未来的商业将会发生天翻地覆的变化。2004年我们才意识到也许我们这么做下去,金融会发生巨大的变化。所以2003年、2004年,其实我在全中国做过至少不亚于200场的演讲,跟无数的企业交流未来新的商业模式、新的电子商务将会改变很多商业的形态。我相信那时候绝大部分企业并不把它当一回事情。但是今天电子商务发展起来了,纯电商时代很快会结束。未来的十年、二十年,没有电子商务这一说,只有新零售这一说。也就是说,线上线下和物流必须结合在一起,才能诞生真正的新零售,线下的企业必须走到线上去,线上的企业必须走到线下来,线上线下加上现代物流合在一起,才能真正创造出新的零售起来。
>
> • 引自2016年10月13日马云在云栖大会上的演讲 •

2016年10月13日，一年一度的云栖大会在杭州如约举行。在这次会议上，马云第一次提出了"全域营销"的概念：只有打通线上线下的全域营销渠道，再加上高效的现代物流，才能打造出新零售。

长久以来，线上和线下的商业联系并不是很紧密，在营销方面也各自为战，很难实现良性发展。马云提出的新零售，就是要把线上经济和线下经济结合起来。新零售的核心是推动线上线下一体化，这意味着必须有新的模式，而全域营销正是为新零售服务的。

阿里巴巴的全域营销方法论，就是以消费者运营为核心，以大数据为能源，实现全链路、全媒体、全数据、全渠道的全新营销模式，最终把数据、媒体、渠道和链路整合成一个统一的整体。

1. 全链路

社会在发展，商业模式在改变，消费者所接触的媒介、渠道、产品、服务等都在不断变化。然而，无论人类的商业模式发生多大的改变，有一样东西不会变，那就是基于人性的用户价值转化。企业必须为客户创造价值，才有继续存在的可能性。

消费者在享受服务、获得价值的过程中，会经历认知、兴趣、购买、忠诚四个关键链路。所谓的全链路，就是把这些关键链路统一起来，进行集中处理。阿里巴巴对全链路设计师的要求，是参与整个商业链条，为每个会影响用户体验的地方提供设计的可解决方案，最后既达成了商业目标，又提升了产品的用户体验和设计质量。天猫通过全链路设计，成功在2017年"双十一"当天售出100万台"天猫精灵"。

2. 全媒体

全媒体是继传统媒体、门户网站、社交媒体之后出现的多元化媒体，它是对以上各种媒体的整合，最终实现任何人、任何时间、任何地点，以任何终端，都能获得任何想要的信息（5W）。一个最简单的运用是，你先在淘宝搜索一件商品，再打开今日头条、腾讯新闻等移动互联网入口时，这个商品会同时推荐给你。

3. 全数据

数据有大数据和小数据之分，而全数据是对大数据和小数据的整合。阿里巴巴对数据的研究十分深入，建立了阿里巴巴数据中心、阿里巴巴大数据学院等。通过对大数据的运用，阿里巴巴可以更加精准地计算出市场上的需求，并且做到为用户群体精准画像，从而提升营销的效率。

4. 全渠道

渠道主要分为线上渠道和线下渠道。过去人们总是认为，线上与线下是互相独立的。但是随着信息技术的发展，线上与线下的距离被拉近了，而消费者其实并不介意购买的渠道。利用数据把线上和线下串联在一起，便会成为真正的新零售。

> 微语录●
>
> 全域营销不再是简单的人群画像，而是基于数据赋能的营销方式。虽然它的本质还是营销，但是它使得企业和消费者之间的距离被拉近了。

新国货营销解码新零售

> 我相信第一个新称之为新零售。现代都市里面,很多传统零售行业受到了电商或者互联网巨大的冲击,我个人觉得是他们没有把握未来的技术,没有看未来,只看到昨天,如何适应这个新的技术,如何和互联网公司进行合作,如何和现代物流进行合作,如何利用好大数据。必须打造新零售,原来的房地产模式为主的零售行业一定会受到冲击,今天不冲击,你活的时间也不会太长,新零售的诞生,对纯线下也会带来冲击。
>
> • 引自2016年10月13日马云在云栖大会上的演讲 •

零售和营销是互相依存的,有了新零售,必然要有新营销,二者搭配才能充分发挥作用。新国货正是这样一种崭新的营销方法。

国货的概念早已有之,以前只要提起国货,人们便会想起百雀羚、同仁堂、恒源祥等品牌。这些品牌历史悠久,产品经久耐用,因此深受消费者的信赖和喜爱。新国货则是相对于这些老国货而言的。新国货的创立时间或许很短，但是在品牌建设和产品品质上都有不俗的表现，从侧面反映出人们对提升生活品质的迫切需求。

新国货的概念出现以后，很快引发了不小的热度。一些企业也主动朝着新国货的方向经营品牌，并受到了很多消费者的喜爱。例如，小米公司坚持平价优品的理念，推出手机、充电宝、插线板、空气净化器等一系列产品，既有高颜值，又有高品质，价格却相当亲民。因此小米打出新国货的口号，获得了众多消费者的喜爱。

在新国货的建设和推广上，阿里巴巴也不甘落后。2019年5月8日，阿里巴巴对外发布了新国货计划，此次计划包含5个方面的内容：协助全国1000个产业集群全面数字化升级；创造200个年销售过10亿的国产品牌；帮助200个老字号年销售过亿；全面扶持20万个年销售500万的淘宝创意特色商家；天猫海外、Lazada（来赞达）和速卖通帮助70万国货商家出海。

对于新国货的品牌建设，阿里巴巴也做了一系列的专题研究，并且在杭州举办了一场新国货计划发布会，和业内相关人士共同探讨在数字经济时代如何打造新国货。阿里研究院副院长晓坪博士在会上分享了《2019中国消费品牌发展报告》。从这份报告中，我们可以发现新国货营销的四大方向。

1. 转型数字化运营

数字营销是未来的一大趋势，它将营销精确定位到每一位目标消费者，从而极大地提升营销效果。在数字经济时代，消费品牌的竞争日趋激烈，从消费者需求出发建立全链路全周期沟通机制，品牌内涵即服务质量，实现全面数字化运营是脱颖而出的关键。

2. 提取独特的卖点

在新零售时代，每一件产品都应当精细管理，这就要求每件产品都应当有其独特的卖点。独特卖点是产品的核心竞争力，也是产品的最大亮点。比如，宝马汽车将卖点聚焦于驾驶体验，而沃尔沃则着力宣传安全性。

3. 提升品牌的情感附加值

每一个成熟的品牌都很注重维持与消费者的情感，新国货营销也不例外。随着主流消费者审美品位的提升，人们除了关注实用价值以外，也开始关注品牌的情感附加值。当他们对某个品牌产生感情之后，就会持续关注该品牌。

4. 提升品牌知名度

在数字经济时代，线下营销对品牌知名度的影响仍然十分重要，因此企业仍然需要重视品牌的溢价能力。借力数字化渠道面向新客群扩大知名度，塑造大品牌形象是追求规模化的必由之路。晓坪博士举了个例子："天猫出海"帮助品牌打开海外市场，商品远销海外。

除了阿里研究院对新国货的研究以外，马云本人也在践行营销新国货的行动。例如，在阿里技术脱贫大会上，有一款来自内蒙古的果汁饮料"MA沙棘"，是从一种叫沙棘的植物里提炼出来的维C饮料，马云品尝之后，说了一句："味道不错！"结果这款沙棘汁立刻成了"网红"款。2019年5月，马云在绍兴小镇现身时，又带火了黄酒棒冰，可谓新国货的代言人了。

> **微语录**
>
> 在数字经济时代，新国货对产品提出了更高的要求，同时营销手段也在不断升级。

自我营销也是一门技术活

> 到今天为止,阿里巴巴可能是中国互联网,也是全世界互联网现金储备算比较多的公司。我们依旧保持这样的风格,我们希望我们应该懂得,我很多年前讲过,一家公司的钱就像一个国家的军队,不能轻易动,但是一旦要动,必须得严。钱不能乱花,以为有钱就解决问题。第二我们没有技术,我不懂技术,我真不懂技术。我到今天为止,还不明白coding(编码)是怎么回事;我到今天为止,还是不懂互联网背后的技术,不懂技术不等于不尊重技术。过去的14年里,我在阿里巴巴从来没有为了技术跟别人吵过架,我根本没办法和他们吵架。我觉得对于阿里巴巴的工程师来讲,悲剧是CEO完全不懂技术,最幸运的事也是CEO不懂技术。如果CEO很懂技术,天天坐在你边上,你肯定干不好,因为我不知道怎么干,所以我很敬仰地看着他们。
>
> • 引自2013年马云在斯坦福大学参加"对话硅谷精英"活动时的演讲 •

在互联网时代，各种营销方式层出不穷，例如产品营销、广告营销、软文营销等，人们对此习以为常。自我营销虽然十分常见，往往也能取得良好的效果，却很容易被人们忽略。

百科上对自我营销的定义是："一种由个人或者团体作为主体参加的活动，个人或者团体通过自我介绍履历表等形式手段，采用包括惊奇性、创意性、幽默性等策略，展示自我形象、人品以及情感，以达到个人或团体预期目的的活动。"

如果要简单概括，就是：对自我进行包装，从而提升品牌影响力。在这一方面，马云是位高手。只要打开手机或电脑，就可以轻松找到关于马云的新闻；在线下的实体书店中，从不缺少关于马云的书。马云的一举一动都能引起热议，从他的身上，人们看到了成功逆袭的可能性。甚至在很多人眼中，"马云"就是金钱的代名词，选择阿里巴巴就是一个正确的商业决策。马云成功地利用自我营销，提升了阿里巴巴的品牌影响力。

为了在人们的脑海里留下印象，马云总是四处奔波，发表演讲，每到一处都会给阿里巴巴带来新的贸易机会，俨然化身为阿里巴巴的头号销售员了。

多年的教师生涯，让马云练就了一身演讲的好本事，他的演讲总是非常朴实，却能打动人心。他对观众说"我不懂技术"，却能给人留下坦诚以待的好印象，同时又让人感到阿里巴巴深不可测。

马云很少在演讲中提到技术细节，因为他很清楚大众对这些东西不感兴趣，大众喜欢听他讲故事、讲愿景，而不想听他讲编程。另外，他也确实不是个技术型人才，他的长处是管理。

马云在讲述创业历程时，也喜欢向人们讲述他的创业理念，以及技术前景。互联网还未在中国普及时，他四处游说，劝人们做电子商务，为此经常被人当成骗子，没少遭人白眼。阿里巴巴成功以后，他还是没有改掉这个习惯，向人们讲述大数据、新零售、云计算等概念，只是这一次人们选择了相信。此外，马云还积极参与公益事业，并且邀请人们参与其中。

马云的个人魅力让很多人敬佩不已。在他的影响下，人们对阿里巴巴好感倍增。人们相信，一个伟大的企业家，必定能够带出伟大的企业。而阿里巴巴的市场地位和营销业绩证实了这一点，使得更多人对马云深信不疑，为阿里巴巴节省了大笔的营销费用。

> **微语录**
>
> 自我营销已经成为一种常态，很多企业都会通过企业家的自我营销来增强企业的影响力。

在现代的企业管理中,绩效管理具有十分重要的意义。它的目的是持续提升个人、部门和组织的绩效,使内部人才得到成长,同时能吸引外部优秀人才,从而加快企业的发展进程。阿里巴巴的绩效管理是极其特殊的,除了业绩考核以外,还加入了对价值观的考察,形成了业界独特的绩效管理模式。

第七章

绩效管理：

价值观占 50%，业绩占 50%

没有KPI,所有的理想都是空话

> KPI不是领导和员工讨价还价的结果,而是由下而上地,根据对公司战略的理解和对业务的把握,提出最合理的指标,以及相匹配的资源,这些指标必须是和上级沟通后达成的共识。这些KPI指标还很可能是根据内外部情况而动态的。年底客户满意不满意,我们有没有超过行业的增长,有没有为未来的发展培养基础,这才是我们真正要的。
>
> Dream target(理想目标)是我们共同奋斗的目标,是调配资源的指导。Dream target必须通过创新的方法才能实现,而不是简单地沿用现有的手段,拼命去挤牙膏。电子商务正在迎来井喷的发展,我们必须超高速地成长,才能继续保持行业领先。我们要为我们的mission(使命)、vision(希望)和dream(梦想)去奋斗,而不是为完成KPI任务,更不应该是为了奖金而努力。
>
> ——引自马云2010年1月19日在飞机上写的内部邮件

每个公司都有一套属于自己的考核方法，KPI就是其中之一。

KPI即关键业绩指标（Key Performance Indicator），是用来衡量某职位任职者工作绩效的具体量化指标，是对任职者工作任务完成效果最直接、客观的衡量依据。没有绩效管理，企业就谈不上管理，因为一切管理活动都是为了产出更好的绩效。

在很多互联网公司，KPI考核是必备项目。KPI在实践中不断改进，逐渐成熟。作为中国互联网公司的龙头企业，阿里巴巴自然也不例外。马云曾在公司内部的员工大会上说："阿里巴巴的KPI考核是很令人讨厌的。每个人都恨KPI，但如果没有KPI，没有结果导向，没有效率意识，没有组织意识，没有管理意识，那么所有的理想都是空话，我们就会变成一个胡说八道的梦想者。"

KPI就像一把尺子，企业用它来衡量每一位员工的贡献和价值。它存在的最大意义就是作为一个精确、客观、公正的标准，对公司的发展和员工的价值做出评价，以便对公司未来的发展战略做出调整。

在制定KPI方面，马云可谓个中高手。他制定的KPI总是吓得员工倒吸一口冷气，认为这是绝对不可能完成的任务，但是到了年终，所有人都不得不承认，目标已经达成了，甚至做得更好。

2008年，马云给淘宝下达了一条奇怪的死命令：不准盈利一分钱。马云说，如果淘宝盈利，全公司都没有股票、没有奖金。

但是到了2012年，马云又提出一个看似不可能完成的目标：公司每个人实现1亿元的成交额。当时阿里有7000多名员工，也就是说，马云当时给公司定下的目标是7000多亿元成交额。为了这件事，阿里的各个部门都被迫控制新增员工的数量，因为每增加一个新员工，就意味着KPI的要求会上升1亿元。结果，2012年阿里巴巴全年的成交额超过了1万亿元。

阿里巴巴的KPI不是随意制定的，而是遵循了SMART原则。SMART是5个英文单词首字母的缩写：

S（Specific）：具体。绩效必须具体化，不能模糊不清。

M（Measurable）：量化。绩效的指标必须量化，可以用数据体现出来。

A（Attainable）：可达到。绩效不能太高，也不能太低，必须在员工的能力范围内。

R（Realistic）：现实性。绩效的指标是现实存在的，可以被证实和观察。

T（Time bound）：绩效必须限定时间，属于阶段性的考核。

马云非常重视KPI，他把KPI考核制度推广到全公司，尽管他也知道这给员工们造成了很大的压力，但是他不得不做。有一次，马云为800余名新员工上了一堂"百阿必修课"，他说："加入阿里巴巴，我们不承诺你会发财、成功、当官，但是我们承诺你会很倒霉、很受委屈。"这句话正是阿里员工状态的真实反映。在KPI的压力下，阿里的很多员工们苦中作乐，在磨难中不断前行。

> **微语录**
>
> KPI考核是企业管理的核心，脱离了精准高效的KPI考核，企业的管理将很难做下去。

按"271原则"划分人才的层级

> 哈佛曾有人认为在那个时代中国不可能有公司考核价值观和使命观,后来他受我之邀来到中国,到我们的公司来感受。后来他说,"我来之前觉得马云是个疯子,来之后发现你果然是个疯子"。疯子院里的人是不相信自己是疯子的,他们相信外面人是疯子。我希望在我们公司里面能够形成一种企业的"belief"(信仰)。有一批优秀的同事相信通过自己的努力,能够不断地创造价值。加入我公司的人我不能保证100%,但是我希望有70%的人坚信我们可以让中小企业生存、成长和发展。我们坚信年轻人到我们的公司走的是正道。
>
> 2010年2月,我们将增加一项更虚的东西,就是对每个员工的考核再多一个社会公益。不加这个,我觉得我们年轻的一代没办法面对未来。业绩是你能力的体现,价值观是你内心的体现,能力、内心都要和社会结合在一起。按照这个考核,我相信阿里巴巴会再上一个阶层。
>
> • 引自2009年马云在新华社与记者的交流 •

在任何一家公司,都会有优秀的员工,也会有平庸的员工。公司必须在绩效考核上加以区分,让能者多劳多得,方能体现出公平性。

在阿里巴巴,员工和员工之间的"地位"是不平等的:有20%的员工被划分在优秀员工的层级,70%的员工被划分为普通员工,剩下的10%的员工被划分为不合格员工。这就是阿里巴巴的"271原则"。

"271原则"是在帕累托法则的基础上改进的结果,二者的相同点是对少数和多数的划分。帕累托法则认为,在很多事物中,重要的东西只占一小部分,约20%,其余80%尽管是多数,却是次要的,因此又称"二八定律"。"271原则"对次要的80%继续细分,得到70%的普通员工和10%的不合格员工。

"271原则"的应用范围很广,其中最重要的是用于奖金的分配。也就是说一个超过十个人的团队中要评选出20%的优秀员工,70%的符合期望的普通员工和10%不符合期望的要末位淘汰的员工,然后再根据等级来发奖金。

在阿里巴巴,每一位主管都要给下属员工打分,并且根据"271原则"进行排序。这是阿里巴巴每位主管的职责。这样做是对公司负责,也是对员工负责。每一年都会有20%的人被评选为优秀人才,他们将成为所有员工的楷模,他们拿的奖金和工资是最高的,以此吸引其他员工向他们学习。这些员工不但在业绩上有着非凡的表现,同时也是阿里巴巴核心价值观的实践者。阿里巴巴将他们视为公司的骄傲,不断提拔他们到重要岗位。

大多数员工都被划分在普通员工的层级,他们也很努力地工作,每天承受着巨大的精神压力,在自己的岗位上兢兢业业,努力完成任务。

他们对公司的核心价值观基本认可，但是业务能力中规中矩，并无突出表现，公司对他们进行针对性培养，挖掘潜力，鞭策他们成为优秀者。他们也会拿到丰厚的奖金，只是没有优秀员工的多。优秀员工和普通员工之间的收入差距，使得整个公司形成了一种不进则退的氛围，让员工不敢懈怠，也不能懈怠。

还有10%的员工被划分为不合格者，其实他们的能力未必不强，只是或许在他们所处的团队中，有太多优秀的人才，相比之下，他们身上的光芒显得黯淡了许多。阿里巴巴认为，他们在价值观和个人能力上必有一项不合格，因此不适合留在阿里巴巴。

马云曾说："要达成一个目标，必须有一个好团队。如果发现团队中的岗位出现了错误的人，怎么办？第一办法，开除；第二办法，重新训练他；第三办法，让他留在原来的位置上，但他肯定还会继续惹麻烦。不采取行动，就会导致其他追随者感觉你不在乎他们。"

人才是需要流动的，就像只有流动的泉水才能保持清澈一样。公司必须时常招聘优秀的员工，来取代不合格的员工，这样才能实现良性发展。如果不合格的负能量员工越来越多，那么企业就会变得非常危险。

> **微语录**
>
> "271原则"是上级主管对下级员工的评价，关乎员工的切身利益，因此不能草率进行，必须有严格的评选机制和申诉机制。

末位淘汰制激发企业战斗力

> 我们公司还有一个听起来比较古怪的制度，就是末位10%的淘汰。我们淘汰自己，竞争淘汰我们，社会淘汰我们。我一直觉得国有企业就是因为不淘汰员工，所以出现了很多问题。我们必须学会淘汰自己。
>
> 有一个员工给我写了一封信，说我们公司不讲究民主，不讲究人的自由。为什么，他说你们考核价值观了。我就问，第一，在加入我们之前，一定告诉过你，我们是要考核价值观的，而且我们一考核就是八年。你可以选择来或不来。第二，你进来以后觉得价值观没意思，你还是可以出去。到今天，阿里巴巴一万八千多名员工进进出出，我没有留过一个人。
>
> ·引自2009年马云在新华社与记者的交流·

在中国的白领职场上，末位淘汰制可谓威名远播。很多大公司都采用这种制度，其中就包括华为和阿里巴巴。

一般认为,末位淘汰制是对"活力曲线"的改进。"活力曲线"由通用电气公司前CEO杰克·韦尔奇提出的,被公认为是给通用电气公司带来无限活力的法宝之一。

阿里巴巴的末位淘汰制原则与之相似:在一定期限内,会对全部工作人员进行考核,根据考核结果排出位次,对位次列在前面的人员予以肯定和留任,而将位次居于末位的一个或几个人员予以否定和降职或免职。简单地说,末位淘汰制就是将居于末位的人淘汰,以保证公司的整体作战能力。

马云曾说:"我们公司每半年就进行一次评估。虽然你工作很努力,也很出色,但你就是最后一个,非常对不起,你就得离开。在两个人和百人之间,我只能选择对两个人残酷。"

末位淘汰制是为了保证整个公司的利益。长期面对一份工作,任何人都会产生枯燥无味的感觉,只有给员工一定的压力,他们才能持续发挥良好的水平。

末位淘汰制的缺点也很明显。首先,它给员工造成了一定的精神压力,尤其是当员工的水平在团队中下降时,员工的精神压力会增加。如果不分时间、条件、对象地滥用此制度,反而会使员工压力过大。阿里巴巴一直强调"快乐工作"的企业文化,这显然与末位淘汰制有很大的冲突。其次,它有可能会造成团队的内部竞争,导致钩心斗角、拉帮结派,反而导致工作效率下降。

为了减少末位淘汰制的不良影响,阿里巴巴做了一个特殊的规定——因为末位淘汰制被解雇的员工,在三个月之内还可以返聘回公司。也就是说,员工拥有两次机会,一次被淘汰之后,还有第二次机会，只要他们的条件达到了阿里巴巴的要求，并且能够说服面试官。但是任何人都不会有第三次机会，假如再次入职后又被淘汰，就得彻底离开阿里巴巴，不会再有重新入职的机会了。

从阿里巴巴的角度来说，这样的制度设计也是很有好处的。招聘一个新员工，具有很大的不确定性，而老员工就不存在这样的问题，老员工对企业文化和业务流程都已十分熟悉。

> **微语录**
>
> 末位淘汰制是高效的，却也是无情的，因此要慎重使用，以免对企业造成不良影响。

坚决淘汰"野狗"和"小白兔"

> KPI就像检查身体时的各项指标。它不应该是我们追求的目标,而应该是我们公司健康的象征和结果。完成了KPI绝对不等于万事大吉了,就像身体某些指标正常不等于健康一样。当然,我们必须用一些指标来检测我们的工作。关键是哪些指标是必需的,是由谁定的,等等。
>
> 这两年我们的KPI考核变得有些机械和僵化,甚至有非常严重的大锅饭现象,对公司的发展非常不利,必须坚决改掉!
>
> ·引自马云2010年1月19日在飞机上写的内部邮件·

在阿里巴巴的前行之路上,KPI考核发挥了巨大的作用,使得阿里实现了众多战略目标。然而KPI考核并非完美无缺,它会使考核变得机械、呆板,缺乏灵活性。阿里巴巴集团董事局主席兼CEO张勇在一次谈话中,毫不留情地指出:"如果我们这伙人为KPI而活着,只是为了一个KPI而做事情,阿里就完了。这句话同样适用于在座的所有组织部同事,如果每个组织部同事只是为了一个数字、一个最后的绩效考评评语，阿里走不远，也走不好。最重要的是我们真正相信什么。"

因此，阿里巴巴针对公司的考核进行了调整，不再把KPI当作考核的唯一标准，而是加入了对价值观的考核，并且把人才分成了三种类型。

（1）业绩突出、价值观很差的人在阿里巴巴被称作"野狗"。在企业健康发展时，野狗型员工能够做出很好的成绩，但是他们无视原则，会给其他人造成不良的影响。况且他们的忠诚度极低，不会与公司共患难，只会掠取利益，而这恰恰是马云非常反感的。这类人对团队的破坏很大，会导致企业走不下去，因此一定不能留下来。

（2）价值观好、业绩不好的人被称为"小白兔"。小白兔型员工人畜无害，可惜能力太弱，不能给公司带来更多的价值，会拖累公司前进的步伐，这对于其他员工来说是极不公平的。因此，对于这类员工，阿里巴巴会先把他们调到一个更适合的位置，希望他们能够抓住机会，体现出自己的价值。如果还是没有突破，就只能淘汰掉了。

（3）业绩好、价值观好的人被称为"猎犬"。猎犬型员工能力极强，又非常忠诚，不会背叛公司，这样的员工是所有公司梦寐以求的，属于明星员工。对待猎犬型员工，阿里巴巴的大门始终向他们敞开。在阿里巴巴，他们的才能将得到最大程度的发挥。

纵观以上内容，我们可以得知，阿里巴巴的人才观是：招"猎犬"，驱"白兔"，杀"野狗"。马云认为，只有猎犬型员工，才是阿里巴巴需要的。没有阿里价值观的野狗型员工，无论业绩多好，都要坚决清除。而白兔型员工是每个公司都会存在的，有些公司对白兔型员工奉行的是全部驱逐，一个不剩，阿里巴巴则倾向于多给他们一些机会。

猎犬型员工是可遇而不可求的，马云也非常清楚这一点，为此他设置了非常严格的招聘程序。第一步是海选简历，这是员工进入阿里巴巴的第一关。填写简历之后，还要进行一个快速测试，否则就不能算作有效提交简历。第二步则是笔试，主要考察员工的知识储备、经验积累等。第三步是面试，由业务主管、人力资源部门和事业部经理组成一个面试团队，从多个方面对员工进行考察。等一切结束，新员工入职以后，还要专门进行一个月的封闭培训，以便加强企业文化教育。

总之，阿里巴巴对员工的要求是多方面的，未必要让员工成为全能型人才，但是至少不能与公司的价值观相背。

微语录 •

俗话说："有德无才是废品，有才无德是危险品。"这句话对企业的员工同样适用。

双轨制确保人才结构的多样化

> 希望大家也一样,眼光是走出来的,胸怀是冤枉撑大的,男人的胸怀是冤枉撑大的,当然女人的胸怀也是冤枉撑大的。今天阿里巴巴唯一拥有比较好的东西,就是我比大家容纳得多一点。阿里巴巴人才济济,聪明人非常多,请记住,公司里面要有各色人种,这个公司才是好公司。动物园为什么人们愿意去看?就是因为各式各样的动物,如果动物都是一样,那是养殖场,养鸡、养猪,那没意思。以前有人跟我吵架,这个人怎么这样,看看那么固执,有的那么细节、有的那么宏观。我发现这个世界美妙的是可以看到各种各样的人,尤其在这个公司里面,你带着欣赏的眼光看别人,你怎么看怎么顺,你要讨厌一个人的时候,你怎么看怎么不顺。
>
> ——引自2007年9月15日马云在第四届中国网商大会上的讲话

绩效考核的最终目的是对人才的价值进行评估,然后把优秀人才升职加薪,把不合格员工降职降薪,甚至炒鱿鱼。阿里巴巴对人才的考核是从两个方面进行的：绩效和价值观。这说明阿里巴巴非常重视人才的综合能力。阿里巴巴的HR们总是说，公司大了，什么样的人才都会有。人才的类型多了，就得分类管理，所以阿里巴巴制定了岗位层级，对员工进行管理。

阿里巴巴的岗位层级分为两种。一种是M岗，即Management，属于管理岗。此类人才大多擅长管理和协调，他们是各部门团队的领导者。阿里巴巴把基层管理层人员分为三个层级：M1、M2、M3，分别是主管、经理、高级经理，被称为"腿部管理者"，他们是奋战在一线的初级管理人员，负责单个团队的运营；M4、M5，属于中层管理者，分别是总监和高级总监，他们被称为"腰部管理者"，这部分人已经有了一定的管理经验，要求管理者从带一个小团队到带多个团队，从原来的单个任务执行到多部门资源整合与协调；M5以上的管理者属于高层管理者，被称为"头部管理者"，通常是企业的决策层，例如阿里旅行、聚划算、天猫、淘宝的CEO等，他们是阿里巴巴各个事业部的负责人，或更高级别的管理者。

另一种是P岗，即Professional，属于技术岗。此类员工大多擅长技术，但是不负责具体的管理工作。一般来说，P1、P2、P3都是助理级，P4是专员，P5是资深专员，P6是高级专员（也可能是高级资深专员），P7是专家，P8是资深专家（架构师），P9是高级专家（资深架构师），P10是研究员，P11是高级研究员，P12是科学家，P13是首席科学家，P14则是马云。

这就是广为人知的管理序列（M）和专业序列（P）。阿里巴巴根据层级为员工定岗、定编、定薪，并规划员工发展路径。

从层级上来看，M岗的起点比P岗更高，M1相当于P6主管，M2则相当于P7经理，以此类推。但是这并不代表管理岗比技术岗更优秀，因为每个人的层级都是不同的，技术岗也有层级极高的科学家，他们在阿里巴巴也享有很大的话语权。

众所周知，阿里巴巴最早是做B2B起家的，那时它就已经建立了先进的管理体系，并且设置了M岗，以便管理众多的销售人员。如今阿里巴巴已经不再主要依靠销售了，技术人员的重要性日益提高，因此很多人选择了P岗，也就是技术路线。在从事P岗的人员当中，除了计算机人员以外，还有产品研发人员、网页设计人员、运营专家和市场专员等。

> **微语录**
>
> 人才机制必须适应企业的发展和变化，以便为多种人才提供发展的机会。

生活也要有KPI考核

商场如战场，但商场不是战场。站场上不是你死就是我活，但商场上面消灭对手不等于你会赢。竞争是快乐。客户站在你这边的时候，你就赢了。

我们做企业是为了钱吗？从第一天起我就没想过钱，是兴趣。我在公司倡导快乐工作，认真生活。我们倡导年轻人认真对待生活，你不认真对待生活，生活就不会认真对待你。

工作是快乐的。工作如果不快乐，你去干什么？虽然人和人的出生不同，但我们每个人又是很公平的。比尔·盖茨一天是24小时，我们一天也是24小时。24小时怎么让自己快乐起来？24小时可以分为3个8小时。一个8小时用在吃饭、挤公交等，还有8小时是睡着，只有另外8小时，你知道自己在干什么——上班。这个非常清晰的8小时，你活得快乐吗？快乐才会创新，快乐才会放松。选择让我们快乐的事情做，会越做越舒服。

·引自2009年马云在新华社与记者的交流·

每年的5月10日,阿里巴巴都会举办集体婚礼,2019年也不例外。马云身穿长衫,为这些新婚夫妇主持了婚礼。在这次婚礼现场,当着所有人的面,马云给新婚夫妇提出了两个生活KPI:一个是早生孩子,另一个则是学会生活。马云希望他们能够组建自己的小家庭,生儿育女,生活美满,因为员工是公司的基石,只有员工家庭幸福了,企业才能稳定发展。

虽然阿里巴巴的员工工作能力都十分优秀,但是生活不同于工作,现在的年轻人在学校里待了太长时间了,很多人与社会产生了脱节,不能很好地处理生活中的事务。也有的人工作过于忙碌,忽视了家庭的幸福。其实努力工作和幸福生活是不矛盾的,关键是看自己的选择。

马云用KPI的方式给员工们上了生动的一课。

事实上,马云不仅给员工的生活制定KPI,也给自己的生活定下了KPI。2018年,阿里巴巴成立了脱贫基金,推进在电商、健康、教育、女性和生态五大领域的脱贫工作。马云亲自担任主席,蔡崇信、彭蕾、张勇、井贤栋担任副主席,马云对他们说:"你们四个副主席,业务做不好,还能给你个机会,脱贫做不好,不会放过你。"

在所有事情中,马云最关注的是教育。教师出身的他,一直都设想退休以后回去当老师。通过教育的普及和公平,从根本上消灭贫困,是马云的核心脱贫思路。他认为要消灭贫困,就必须从根源上解决教育资源不平衡的问题。他的KPI就在教师的课堂上,在脱贫基金的半年报里。马云向社会汇报了他以乡村教育为核心的KPI进度,包括乡村师范生计划、乡村教师奖、乡村寄宿制学校项目等。

2014年12月,马云在浙江省民政厅注册成立了马云基金会。该基金会的关注领域有五个:发展教育、环境保护、医疗健康、公益人才培养、以及基础设施建设。马云希望通过在这五个领域的努力，唤醒每个中国人的意识，引导大家行动起来，共同创造更美好的生活。

在马云基金会的工作中，教育发展领域占据着非常重要的地位，尤其是乡村教育。从2017年开始，马云乡村师范生计划正式启动，计划10年内至少投入3亿元，为乡村教育发现和注入新生力量，为中国培养未来教育家。

在正式退休之前，马云就已经开始行动了。2019年6月26日，马云公益基金会与拉萨师范高等专科学校召开新闻发布会，宣布启动"拉萨师专·马云教育基金"。马云公益基金会将捐赠1亿元，在拉萨师专建设一座现代化的"马云教师培训中心"，同时设置"马云教育奖"和"马云教师计划"用于激励在校师范生和拉萨师专的优秀教师、一线教师、校长的发展。

该计划预计10年内将为1400名一线骨干教师、1000名中小学校长提供培训及发展支持，提升一线教育工作者的教育和管理水平。此外，项目还计划激励800名在校优秀师范生，同时创造条件支持100名拉萨师专教师到内地师范院校跟岗培训，提升区域未来教育者的教学水平。预计该项目培训的师专教师数量将占到拉萨师专教师总数量的近一半。

对于这项活动，马云抱着非常热烈的期盼。他在介绍该计划的目标时说："我们会持续在一线寻找和发现优秀的乡村教师、乡村校长和乡村师范生，支持正在一线坚守的乡村教育家发展，同时培养未来的乡村教育家。"

> **微语录**
>
> 工作与生活不应该成为一对矛盾体。在努力工作的同时，我们也应当给生活制定一个KPI。

企业文化对企业管理有导向作用，是推进阿里巴巴朝着现代管理方式变革的动力之源，因此需要精心设计。马云曾说："什么是企业文化？墙报、写文章不是企业文化，企业文化就是把企业写得有味道一点，不要把企业变成赚钱机器。"阿里巴巴的企业文化立足于现实，同时结合了武侠文化，具有浓浓的"江湖味儿"，深受员工和消费者的喜爱。

第八章

文化管理：
其他都可以谈判，价值观不能谈判

价值观是阿里的核心竞争力

阿里巴巴最大的考验是在"非典"。我们一位同事到广东去，被怀疑带着"非典"回到杭州，我们公司五六百号人全部被隔离，我被隔离了八天。在隔离之前的半天，我判断我们可能会被隔离，因为我们那个女孩确实发烧了，也确实去了深圳。在这种情况下，我们立即进行应急防范。我要求公司所有员工立即撤出办公室，把电脑搬回家，每个人在家里连上网络。互联网作为防范战争的发明，就是为了分散工作，跟各个地方联系。我们想，如果不被隔离，就当军事演习，一个礼拜之后大家再回来。结果，第二天果然被隔离了。一隔离起来，这六百人所发挥的作用是大家不可想象的。我们被隔离了八天，八天以内三五千万的客户打电话给阿里巴巴，包括E-mail，没有人知道我们被隔离。这几天挺好，有什么事就打电话到家里，你会听到员工的家人有时候帮着接电话，说："你好，阿里巴巴。"这时候让我极其感动。

• 引自2008年6月5日马云在"光华—微软联合课程"上的演讲 •

企业硬实力和软实力,哪个更重要?马云认为是软实力重要。

管理学大师德鲁克认为:"企业是人的组织,而非技术和战斗力的集合。"企业的价值观和文化对员工的影响不可小觑,企业员工不能单打独斗,而是必须受同一个价值观的指导,如此才能密切配合,完全发挥战斗力。正是独特的价值观,才造就了阿里巴巴今天的样子。

作为一家电商平台,阿里巴巴最重要的资产就是其独特的价值观体系。马云认为,阿里巴巴的核心竞争力不是技术,更不是资金,而是牢固的价值观体系。在一次访谈节目中,他对记者说:"科技只是工具,我们更重视价值、使命。工作是为了帮助人,而不只是为了赚钱。在我的公司里,客户第一,员工第二,股东第三,这就是我们的信念。"

企业家大多非常重视公司的硬件建设,而忽略对企业文化的建设。他们或许会耗费巨资从国外进口一台机器,却舍不得花费一点点时间去建设企业文化。殊不知企业价值观对员工的影响是潜移默化的,它能够规范企业领导者及员工的行为,使他们在具体问题上达成共识,从而节省企业的运营成本,提高经营效率。

有人说,管理一百个聪明人,比管理一百个笨人更难,因为每一个聪明人都觉得自己很能干,经常不服管教。阿里巴巴招聘的人才都是聪明人,如何才能对他们进行有效管理呢?马云给出的答案是用文化去管理,用价值观笼络人才,用制度指挥人才。

企业的价值观要靠慢慢引导,同时要建立制度、规章等硬性要求,因为就算是马云,也无法保证每一位员工都从内心认同价值观。2008年,全球爆发金融危机,近百名阿里巴巴销售人员迫于业绩压力,纵容骗子在网站上发布虚假信息,给消费者造成了损失。上当受骗的买家联合起来，向阿里巴巴索要赔偿。当时，阿里巴巴B2B公司CEO卫哲、COO李旭晖为此引咎辞职。

随后，马云对这件事情给出了自己的看法，他说："对这种触犯商业诚信原则和公司价值观底线的行为，任何的容忍姑息都是对更多诚信客户、更多诚信阿里人的犯罪！"

马云曾说："经济条件、经济利益、办公条件我们都可以讨价还价，但有一样东西不能讨价还价，那就是企业文化、使命感和价值观。"由此可以看出马云对企业价值观的重视，他把价值观看作阿里巴巴的第一准则。

微语录·

要想创造新的商业文明，必须有相匹配的价值观体系。

违反诚信就要接受惩罚

> 价值观——企业生存的"六脉神剑。"
>
> 我们思考:什么样的工作环境是我们最需要的?于是,阿里巴巴就约法三章,提出我们的六大价值观,我们称之为"六脉神剑"。
>
> 一、客户第一。
>
> 说员工第一,这太假,有可能变成大锅饭;说股东第一,则有可能重复安然(美国大公司,后破产)的旧例。我们坚持的客户第一,就是要为社会创造价值,服务客户。
>
> 二、重视诚信。
>
> 阿里巴巴讨厌那些不讲诚信的人。在阿里巴巴最困难的时候,我们发现"回扣"的事很暧昧:给回扣我们公司能够活下来,不给回扣则有可能倒闭。于是,我们公司在刘庄专门开了个会议,我们后来称之为阿里巴巴的"遵义会议"。当时我们做出了一个艰难的决定:从今天开始,公司永远不给任何人一点回扣,如果谁给了回

扣,就请离开公司。这个决定很痛苦,我们发现伟大的决定都是痛苦的,但痛苦的决定却不一定伟大。

现在,我们的合作伙伴知道跟我们阿里巴巴合作是不会给回扣的,我们宁可把这笔钱用在提高服务质量上。

在公司的采购上,我们在合同上也同样写明了合作公司不准给回扣,哪怕只是一颗糖,你也得给我拿回去。如果发现哪个公司这么做了,那么我们永远不会和它合作。我们相信,我们不需要进行桌下交易,这样的伙伴也不会好的。

• 引自2006年马云在杭州师范大学的演讲:《文化是企业的DNA》•

人无信不立,诚信也是企业的立身之本。那些历经百年而不衰的伟大企业,都把诚信看作自己的生命。正如阿里巴巴企业诚信体系网的宣传口号——信用,是未来新商业时代通行证。作为一家电商网站,阿里巴巴将诚信视为自己的生命。

然而,阿里尽管一再强调诚信,但也无法杜绝非诚信事件的发生。2016年9月12日,阿里巴巴像往常一样,在公司的内网上架了特制的员工月饼,这些月饼做成了笑脸的样子,看起来非常可爱。这原本是一件好事,不料却出现了差错。有些员工一盒月饼也没有抢到,有的员工抢到了很多盒。细查之下,才发现阿里安全部的四个员工以及其他部门的一个员工为了抢月饼,在网上编写了一段"刷月饼"的脚本程序,用技术手段去抢月饼,总共多刷了124盒月饼。

事情虽小,但是阿里巴巴认为他们违背了原则,"秒杀虽然没有涉及对阿里外部平台业务秩序的干扰,但对内部其他人造成了福利分配的不公正，客观上有获利的意图和事实结果……和四个员工非常坦诚地沟通后，我们做了无论对安全部还是对这四个员工都很痛心的让他们离开公司的决定"。就这样，因为抢了几盒月饼，四个员工丢掉了自己的饭碗。

一石激起千层浪，这件事在网上引起了一阵热议。很多人认为阿里巴巴小题大做，只不过是几盒月饼而已，况且当事人也是花钱买来的，应当给予改过自新的机会。但是也有人赞同阿里巴巴的做法，他们认为，原则性问题是绝对不容触犯的。

事情发酵后，阿里官方做出正式回应："安全部小二作为平台规则的捍卫者，使用工具作弊触及了诚信红线。今天这个引起争议的决定，让我们再次提醒自己和每个员工，游戏都有规则，偶然总有必然。无可奈何是因为万事都有底线。"

如果不谈企业的性质，外人恐怕很难理解阿里巴巴为何对这件事如此看重，并且不惜让自己身处舆论的旋涡中心，也要将涉事的几个员工开除。要知道，阿里巴巴是一个交易平台，扮演着平台服务者的角色，在诚信问题上容不得一丝一毫的马虎，否则就会对企业形象造成重创。而设置程序抢月饼的几个员工，又正好隶属于安全部门，他们是企业安全的最后一道防线，就更容不得出现这类事件了。面对此类事件，阿里巴巴必须防微杜渐，否则迟早有一天会丢掉在消费者心中辛辛苦苦建立起来的诚信的口碑。

通过这件事情，阿里巴巴也向全体员工传递了一个鲜明的态度，即诚信问题是阿里巴巴的一道红线，无论是谁越过了这道红线，都必须受到处罚。

阿里巴巴这样的行为可能确实让它损失了几员大将，但是也让很多消费者看到了阿里巴巴的态度：一些弄虚作假、违背诚信的事情我们不做，这样的员工我们也不要，就算损失一些人才我们也要让大家看到我们的态度。

> **微语录**
>
> 阿里巴巴是一家以诚信为本的公司，任何人都不能越过诚信问题的红线。

让天底下没有难做的生意

在水浒传里,梁山好汉有一个共同的使命感:替天行道。很多人一说到阿里巴巴,就说我们喜欢马云,我们要为你工作。我一听,完了,这些人不能请,我的员工不能为我工作,要为我们共同的使命工作。假设梁山好汉没有一个替天行道的使命,这些人就会打起来。只有靠共同的使命感,员工才能长期共事,朝一个方向努力。

一百多年前,GE(通用电气公司)创业的时候说,要让天下亮起来,所有人都朝着这个方向,做的电灯泡越亮越好。迪士尼要让全世界的人开心起来,拍了这么多电影,就是让你开心,包括员工也开开心心。假设你今后要建立一个公司,一定要有很强的使命感,我自己也是这么多年越来越悟出这个道理。所以,阿里巴巴内部定了一个使命:让天下没有难做的生意;通过互联网,让中小企业做生意变得越来越简单。

· 引自2008年6月5日马云在"光华—微软联合课程"上的演讲 ·

在中国的互联网企业中,阿里巴巴可能是最喜欢谈论使命感的企业了,就连日常的管理工作,也要贯彻使命感,成为全体员工的行为准则。因为要让人数庞大的组织有效运转,必须有统一的核心理念与使命感驱使。可以说,使命感是推动阿里前进的最大内驱力。

阿里巴巴的使命感是"让天下没有难做的生意"。回顾20年的发展史,阿里巴巴始终围绕着这个目标开展业务。一方面,创立阿里巴巴、淘宝、天猫、一淘网、支付宝等品牌,为中国的电商领域打下了根基;另一方面,收购或投资口碑网、美团网、新浪微博、高德等公司,涉及生活的各个领域,形成全方位服务态势。

事实上,在创业之初,马云还不知道自己的使命感究竟是什么。1999年,有人问马云:"电子商务应该是什么样的模式?"马云表示:"这是我将来回国要做的事情,现在我也不知道。"两年以后,他去纽约参加世界经济论坛,还有幸参加了克林顿夫妇的早餐宴席。在席上,他听到很多伟大的企业家都在谈论企业文化,而在当时的中国,人们更看重眼前的利益,对企业文化不是很重视,"如果你谈使命感和价值观,他们认为你太虚了,不跟你谈。今天我们企业缺乏这些,所以我们的企业老不会大"。

回国以后,马云很快就有了自己的想法。在国内同行纷纷模仿雅虎、亚马逊等国外企业时,马云意识到阿里巴巴应该走自己的道路,应该植根于中国的现实土壤,而不是充当外国企业的复制品。

2010年1月19日,马云在飞机上给全体阿里巴巴员工写了一封邮件。他说,阿里巴巴要在未来十年内"帮助一千万小企业发展,提供一亿就业机会,为十亿消费者提供服务"。而这必须植根于"让天底下没有难做的生意"的使命感之上。这种对使命感的追求是真实可信的，也获得了员工的认同，让员工有了一个拼尽全力的理由。由此，我们也就不难理解，阿里巴巴的团队为何始终都有如此强大的凝聚力了：因为除了丰厚的工资和奖金以外，还有共同的价值观和使命感。

马云不仅是这么想的，也是这么做的。他很清楚维持一个小企业的运营有多么不容易。在创办海博翻译社时，马云手下只有四五名员工，注册资金只有三千元，结果发展很不顺利，甚至连房租都快付不起了。阿里巴巴成功之后，马云没有忘记艰难困苦的岁月，他立志用互联网技术帮助这些小企业成功，帮助一个个小的想法变成现实。

> **微语录**
>
> 阿里巴巴的成功离不开千千万万的小企业，二者是一荣俱荣、一损俱损的关系，因此帮助小企业的同时，也是在帮助阿里巴巴自己。

做公益就是经营自己的人性

世界上有三类人让我很感动：企业家、科学家、社会媒体人。企业家的责任是什么？效率，用最少的钱办最大的事，同时讲究要有结果，因为没有结果的企业都会破产。社会媒体人负责什么？跟社会沟通。还有科学家，科学家会告诉你怎样才是正确地做事，环境该怎么保护。

中国的公益事业已经有了很大的进步，但是跟其他国家相比，我们还有一定的差距。人与人之间不怕有距离，就怕你不知道有距离。我们是否可以向欧美国家多学习一些好的制度和体系，多学习如何选择正确的方向，以及怎样才是正确的做事方法？

在寸土寸金的纽约有一个中央公园，占了很大一块地，里面世世代代不允许做房地产开发。中国是否还有这样的地？不管有没有，这些理念和思想都是我们可以借鉴和学习的。

• 引自2015年9月15日马云在北京大学首届社会公益管理硕士项目开学典礼上的演讲 •

在做公益这件事上，每个人都有自己的方式，有的人喜欢默默地做，做了好事不会大肆宣扬。比如著名影星古天乐，不仅成立了古天乐慈善基金，还在贫困地区建了多所学校，很久之后才引起人们的广泛关注。

马云则不同，他做公益的时候非常高调，被媒体详细地报道出来。他这样做的目的，并不是为个人树立良好的形象，更不是沽名钓誉，而是要唤醒人们的公益意识，通过这种方式让更多的人参与进来，把公益事业做大。马云很清楚，一个人的力量终究是有限的，只有将人们都发动起来，共同参与其中，才能让更多的人受益。

他认为做公益应当是一件发自内心的事情，不是为了做给别人看，而是从内心相信，自己的举动可以为世界带来改变，同时也能让自己受益。公益是治疗自然环境、治疗人类社会的一剂良药。从一个爱管闲事的热血少年到如今热心公益的企业家，马云一直用这样的逻辑来要求自己，同时也用同样的逻辑要求员工。

2015年9月10日，马云向阿里巴巴全体员工发出了一项倡议：每人每年完成3小时公益志愿服务。而他自己则身先士卒，阿里巴巴的公益财报显示，马云每年的公益时间都在不断增长，截至2018年，这一数据已经增长到75个小时。例如：他以桃花源基金会联席主席的身份，牵头成立了"社会公益自然保护地联盟"，参加了桃源里自然中心开课仪式；远赴东非研究和商讨保护野生动物；在海南三亚为获得第三届"马云乡村教师奖"的100名乡村教师颁奖；等等。他希望通过这种方式，带动更多的人来参与公益。

在马云的主导下，阿里巴巴开展了很多公益项目，其中人们最熟悉的当属蚂蚁森林了。有人说，蚂蚁森林大概是在支付宝的所有应用中最受好评的了。用户通过各种方式积累能量，可以在支付宝里养一棵虚拟的树，公益组织会据此种下一棵实体树。截至2019年4月底，蚂蚁森林的参与者已经超过了5亿用户，种下了超过1亿棵树，总面积接近136万亩，为防止沙漠化、改善沙漠环境做出了巨大贡献。

2019年，马云公益基金会在全国832个贫困县开展了一项乡村教育人才计划的公益项目。项目包括"马云乡村教师计划""马云乡村校长计划"和"马云乡村师范生计划"等。只要是符合条件的老师、校长、师范生等，均可在5月20日前登录马云公益基金会官网进行申报。

在马云的努力下，公益事业已经成为阿里巴巴的一部分，也成为众多阿里用户的一部分。

> **微语录**
>
> 公益事业不能只靠某一个人的努力，它需要全体社会成员的共同努力。

赋能女性，就是赋能未来

几年之前，有一个记者到我们公司来，他离开的时候问了我一个问题，说你的公司里为什么有这么多女性？我当时都没意识这个问题。我问他，女性多有问题吗？我们今天有接近49%的员工是女性，对于一个高科技公司而言这是很高的比重，但我们并不是故意去雇用女性的，当然女性能帮助我们的增长。

阿里巴巴是个电商公司，电商是服务行业，为了能够更好地服务他人，你需要有一颗服务的心。我们发现女性在这方面做得比男性好多了。

第二个原因大概是上个世纪的人们比的是肌肉，这个世纪不比肌肉了，而是比智慧。我认为一个人想要成功的话，应该拥有比较高的情商，如果不想快速失败的话，要有高智商，但你如果想要受人尊敬的话，你要有比较高的爱商，就是爱别人的能力。这三个"商"应该放在一起。

很多年轻人智商很高，但是情商很低，爱商几乎是没有的，

> 可是女性在这三个"商"值之间是比较平衡的。如果你想让公司成功，以智慧的方式、以关怀他人的方式运作的话，女性是非常好的选择。
>
> · 引自马云在2018年冬季达沃斯论坛上的演讲 ·

在阿里巴巴的企业文化中，人才一直占据着非常重要的地位，因为人是企业最宝贵的资源，人才的发展决定了企业的前途。不同于其他企业家的是，马云曾在多个场合呼吁赋能女性。有人开玩笑说："成功的男人背后总有一个女人，马云的背后有无数的女人。"

的确，马云的成功离不开众多女性的支持。从阿里巴巴创立之初，马云的身边就聚集了一批优秀的人才，而在这些人才之中，有九位女性人物无疑是耀眼的，她们支撑起了阿里巴巴半边天。后来她们成为阿里巴巴的九位女高管，分别是彭蕾、戴珊、蒋芳、彭翼捷、童文红、吴敏芝、张宇、武卫、俞思瑛。她们一直陪伴阿里巴巴成长，并且为阿里巴巴做出了重大贡献。尤其是彭蕾，自从1999年阿里巴巴创立以来，她曾经进入过多个部门，并曾担任阿里巴巴资深副总裁、蚂蚁金服董事长兼CEO等，成为业界的传奇人物。根据福布斯2015年年度全球100名最具权势女性排行榜，中国女性人物排名最高的是浙江工商大学1994届校友彭蕾，位列全球第33位。

由此可见，马云一直非常重视女性，他认为赋能女性，就是赋能未来。

赋能，即通过言行、态度、环境给予他人能量，以最大限度地发挥她们的潜能。阿里巴巴大量招收女性员工，并相信她们，鼓励她们，与她们一同成长。阿里的36位合伙人中,12位是女性;而阿里的数万名员工中,女性员工的占比高于40%。与之相比,苹果公司的女性员工只占约20%。为什么会出现这么大的差距呢?原因很简单,因为苹果公司是一家高科技公司,主要招收程序员、UI设计师等,这些工种的从业者大多为男性。而阿里巴巴是电商,除了设计人员以外,还要招收大批业务人员,为女性员工提供了广阔的发展空间。

马云认为,在人工智能时代,除了智商、情商、知商外,人们更需要爱商。做企业也需要爱商,要从女性身上学会关怀,学到真正的体验,光靠比拼智商是很难发展下去的。

> **微语录**
>
> 一个人要成功,靠情商;一个人要不败,靠智商。

给阿里巴巴披上武侠文化的外衣

只因一个"侠"字,结缘半生。

先生其文也大,其人也真。我爱先生之文,爱它侠肝义胆,光明涤荡;我爱先生之人,爱他儒雅敦厚,赤子之心。初见先生,我如话痨,一人絮叨三小时,先生只笑着听。此情此景,如在眼前;此情此景,再难重现!

若无先生,不知是否还会有阿里。

要有,也一定不会是今天这样,几万人一起痴痴癫癫——创业,便要做别人做不得之事,侠之大者,为国为民;做人,便要至情至性笑傲江湖;朋友,便要肝胆相照至死不渝……

只因先生这样写这样说,我们便这样信了,便这样做了。

一群有情有义之人一起做一件有意义之事,"让天下没有难做的生意"。一言既出,此后经年,去挑战,去抗争,浑身是伤,屡败屡战,忍别人不能忍之委屈,成别人不愿成之事,唯不愿忍江湖

> 不平正气不彰,少年心,英雄梦,唯愿我们能如先生书中侠客,以肝胆豪情行走于这天地之间。
>
> • 引自2018年10月31日马云悼念金庸的微博文章 •

阿里巴巴的企业文化非常丰富,有的是管理层提出来的,也有的是员工自发形成的。在这些独特的企业文化中,武侠文化对阿里巴巴的影响极为深刻。

在中国互联网的圈子里,马云是出了名的"武痴"。说起对武侠小说的喜爱,以及对金庸的敬仰之情,他总是滔滔不绝。早在二十年前,马云就曾专门拜访金庸先生,一次会面,给马云留下了深刻的印象,也让马云与金庸之间建立了二十年的交情。金庸先生所写所说,在马云的创业历程中留下了深深的印记。

马云最喜欢金庸的武侠小说,尤其是金庸的《笑傲江湖》。因为武侠小说不仅有人性的解放,更有为国为民的情怀,所以马云对书中的大侠非常崇拜,因为从里面他看到了非常多的行侠仗义、两肋插刀。有人把他称为"现代版的侠士",这位侠士一路狂飙猛进,乐于挑战零售业、金融业、娱乐业、医疗保健业等各领域。

马云对武侠精神的喜爱,直接影响了阿里巴巴,给阿里的企业文化镀上了一层灿烂的外衣。阿里巴巴的很多事物都采用了武侠小说中的名称,例如:阿里巴巴的办公室被命名为"光明顶""桃花岛""罗汉堂"等,技术研究院被称为"达摩院",淘宝每年活动也被叫作"武林大会",公司的企业文化叫作"独孤九剑"和"六脉神剑",七大事业群被称为"七剑合一",就连洗手间也取了个文雅的名字——"听雨轩"。

每一位员工进入阿里巴巴时，都要为自己取一个花名。马云给自己取的花名是风清扬，出自小说《笑傲江湖》，风清扬剑术高超，为人潇洒不羁，与马云的性格确有几分相似之处；张勇的花名是逍遥子；蔡景现的花名是多隆；戴珊的花名是苏荃；胡晓明的花名是孙权……有的花名反映了员工的真性情，有的花名则体现了员工内心的一种情怀。

武侠文化还为阿里巴巴带来了团队精神，武侠文化是中国独有的文化现象，也是海内外华人的共同印记，它为阿里巴巴紧张的工作氛围增添了一丝趣味，也在无形之中加强了员工对公司的认同感，使员工在与阿里高管一同展望未来的同时，也能激发个人的潜力。

此外，侠义精神也成为公司价值观的一部分，侠义精神讲究轻生死、重义气，而阿里巴巴的企业愿景是"让天下没有难做的生意"，并一直为这一目标而努力。从初期阿里巴巴为中小企业提供更全面、直观的商务平台，到淘宝为个体户、小卖家设立网上开店低成本的门槛，可以看出阿里巴巴在企业的发展中以兑现承诺为目标而努力。阿里巴巴的价值观和企业愿景，与侠义精神也有几分相似之处。

> **微语录**
>
> 在湖畔花园草创时，马云说过一句话："东方的智慧，西方的运作，全世界的大市场。"武侠文化正是东方智慧的一种体现。

从"独孤九剑"到"六脉神剑"

> 不管你今天在阿里,明天在不在阿里,你加入任何一家公司,请带上我们的使命,带上我们的文化和价值观,带上我们"让天下没有难做的生意",带上我们为一千万家企业生存建一个平台,带上一亿的就业机会,二十亿的消费者。去加入任何公司的时候,我们绝不埋怨,为你鼓掌,阿里只是把大家聚集在一起做一件事情。但是你在这儿的时候,你必须做出最好。对竞争对手,我们今天这么讲,恭喜他们,也许乌龟兔子赛跑,兔子会打一个盹,但是兔子不会永远睡在那儿。
>
> 刚才彭蕾讲,北京是我们所有竞争对手最强的地方。我们把这个市场留给在座的各位,我相信你们能够让北京这个战场发展得完全不一样,因为我们另外一支部队很快在欧洲和美国开始,只有在北京能够深深扎住,得到当地老百姓、用户、当地政府的全力支持,我们才能够对中国有所影响,参与中国经济的发展。只有这样,我们这辈子才不会白活。
>
> ·引自2015年4月23日马云在北京员工大会上的演讲·

武侠文化是阿里巴巴企业文化的一个重要组成部分，并且对公司的价值观产生了深刻影响。从早期的"独孤九剑"到后来的"六脉神剑"，不得不说，正是其独特的价值观体系，才造就了阿里巴巴今日的盛况。

　　最初，面对未来的前行之路，马云也曾感到迷惘。他不是一个技术达人，在企业管理方面也是一个新手，对企业文化没有任何概念，只是靠着直觉前行。阿里巴巴的员工们分享各自的经验，在痛苦中一同成长。然而马云十分清楚，这种粗放的管理方式不可能长期维持下去，阿里巴巴需要找到属于自己的一套管理模式和企业文化。

　　2001年1月13日，这一天是星期六，也是关明生就任阿里COO的第五天。马云把关明生、蔡崇信、吴炯、金建杭、彭蕾等人叫到一起，开了一个会议。在这次会议上，马云提到了阿里巴巴的文化。他说，阿里巴巴最核心、最不能丢弃的东西就是使命感和价值观。

　　这时，关明生随口说了一句："我们的文化这么厉害，现在是不是可以写下来？"大家都觉得这个建议很有道理，于是说干就干，当即把创业以来的感受和经验写在了几十张纸上。关明生跟彭蕾一人拿一半，花了七个小时把这些价值观写在玻璃板上。

　　最后，几个人从众多的价值观中筛选出最具代表性的九条：

　　群策群力、教学相长、质量、简易、激情、开放、创新、专注、服务与尊重。

　　至于名称，马云又一次从武侠小说中得到了灵感，他把《笑傲江湖》中的"独孤九剑"拿了过来，为刚刚总结出来的九条价值观命名。

　　这就是阿里巴巴价值观最早的样子。这套价值观总结出来以后，阿里巴巴在全国各地的公司墙上都贴上了"独孤九剑"。它不但成为阿里巴巴员工的行为准则，而且进入了阿里人的业绩考核中。正是因为有了这九条价值观，才打造出了一支"阿里铁军"。马云说："没有这九条，我们活不下来。"

2005年，阿里巴巴又召开了一次员工大会。这一次大会有三百多人参加，在他们的共同努力下，原来的九条价值观被浓缩成六条，改称"六脉神剑"。这六条价值观分别是：客户第一，团队合作，拥抱变化，诚信，激情，敬业。

相比于"独孤九剑"，"六脉神剑"的指向更加明显，逻辑更加清晰。马云将"客户第一"放在第一条，体现出阿里巴巴对自身定位的认知。"团队合作"和"拥抱变化"是实现"客户第一"的必要方法，"激情""诚信""敬业"则是对员工个人的要求。

通用电气公司前CEO杰克·韦尔奇曾说，企业文化应当具有强烈的情感："领导者应该确保人们看到的不只是那些愿景，还要让他们能够切实地感受到这些愿景。"马云对此深表赞同，从"独孤九剑"到"六脉神剑"的转变，也是这一思想的体现。这不是简单的数字游戏，而是意味着阿里巴巴的价值观逐渐走向规范化和标准化。

> **微语录**
>
> 企业文化应当简单、透明，向外界传递明确的信息，方能提升品牌的影响力。

创新是企业前进的动力之源,没有了创新精神,企业的生命力就会逐步减弱,这就是人们常说的"不创新,慢慢死"。在阿里巴巴的企业文化中,拥抱变化、积极创新一直是重要的组成部分,阿里巴巴始终将创新放在最重要的位置,每年都会投入巨额资金用于研发和设计,为企业的发展持续提供动力。

第九章

创新管理：

不懂得创新，只有死路一条

把创新放在最重要的位置

> 我想告诉大家,这次技术革命,未来30年,每个人都有机会。前天我在泰国参加了ACD(亚洲合作对话)领导人会议,亚洲34个国家和地区的领导在那儿,我呼吁各国要为未来的30年制定独特的政策,其实德国工业4.0,中国制造2025,加上前几天我在泰国听说泰国的National plan(国家计划)跟4.0一样,现在每个国家都在为自己的年轻人,在为自己的未来创新。未来世界的竞争是创新的竞争,是年轻人的竞争,在未来这20亿人口的世界将会越来越大。
>
> • 引自2016年10月13日马云在云栖大会上的演讲 •

创新能力是一个企业的核心竞争力,也是引领社会发展的第一动力。在商业社会,出于对利润的追求,企业会主动进行创新,因为激烈的竞争迫使企业只能走向创新之路,否则就会被市场淘汰。阿里巴巴能够发展到今天的规模,其中一个很重要的原因是阿里巴巴开创了一种崭新的商业模式，极大地改变了中国人的生活方式，是创新能力带领阿里巴巴登上云巅。

创新之路注定不会是一帆风顺的，其间难免遭遇艰难与坎坷，尤其是在一些重大项目的创新上，由于没有前人的经验可供借鉴，所以此时的创新充满了不确定性。在权衡利弊之后，很多企业做出了不同的选择，有的坚持创新，有的放弃创新。对于大多数企业而言，放弃创新不会造成太大的影响，企业也不会就此倒闭；但是对于那些想要长久发展下去的企业来说，创新和生产、销售等环节一样，都是必不可少的。没有创新，企业迟早会被淘汰。

开辟一条从来没有人走过的道路，肯定会比走老路更艰难，你需要面对无数的障碍，以及许多未知的风险。但是这样做的好处也是非常明显的，它会让你避免重复别人已经走过的道路，从而发现未知的风景，有机会获得前人从未有过的成功。作为一名企业管理者，必须明白这样的道理，然后才能在关键时刻做出正确的选择。

很多时候，机会只存在于人迹罕至的地方，只有少数人看到了。他们经过一系列的准备，将机会发掘出来，在外人看来，这就是创新。有时，创新甚至得不到别人的理解和认同。创业初期的时候，马云曾经四处游说投资人，希望他们能够支持阿里巴巴。然而当马云将自己的创意说出来之后，得到的结果却是：你疯了，你绝对是在骗人，电子商务这个行业在中国怎么可能成功呢？前前后后，马云一共见了37位投资者，被37个人拒绝。但是回去以后，他却笑着对员工说，今天他又拒绝了一个人。

尽管多次遭遇失败，马云却没有放弃创新的想法，因为他知道前方有丰硕的果实在等待着他。果然,他成功了,他在当时互联网尚未普及的中国市场,走出了一条从未有人走过的道路,并且大获成功,对世界市场产生了巨大影响。

通过对阿里巴巴发展史的研究,我们会发现阿里巴巴做出了多项创新,其中影响最大的包括:打造全球最佳B2B站点;淘宝网将免费模式代入电商平台;建立支付宝作为担保平台,推广网上支付;利用数字支付打造生活服务;无门槛理财的互联网金融;多种数据建立信用体系;整合物流资源,完善最后一公里;绕开信用卡机构做信用支付;成立合伙人制度,加强公司控制权;利用大数据分析消费行为。这10项模式创新,可以说是阿里巴巴成立以来做出的最有价值的创新,它们深刻地影响并改变了中国人的生活方式。

> **微语录**
>
> 市场瞬息万变,不能因一时的成功而沾沾自喜,唯有持续地创新才能为企业提供持久的生命力。

不要一味地模仿大企业

> 我们一直以为没有机会了,但是谁会想到在今天会诞生像腾讯这样的公司,在中国会诞生像百度、小米、淘宝这样的公司。出现IBM的时候,我想完了,这个世界出现一个微软。出现一个微软后我们觉得根本不可能了,来了一个雅虎,之后来了一个Google,Google之后来了一个亚马逊,亚马逊之后来了一个Facebook,Facebook后来了一个阿里巴巴,阿里巴巴以后一定有层出不穷的公司。只是你愿不愿意把你理想,你愿不愿意找到一批有理想的人并且把它用行动实现,所有成功人都是这么走过。你如果想成功,如果想买得起房子,你也得这么走。不是可以呼吁呐喊出一套房子,一定是改变自己,改变别人之艰难,我今天反正连我的孩子都改变不了,我只想改变自己,因为自己改变了,世界才会变化。
>
> ·引自2015年2月2日马云在"团结香港基金"交流会上的演讲·

进入互联网时代以后,我们会发现世界变得越来越复杂了。过去坚持了上百年的商业模式，可能在一夜之间被彻底推倒；过去极具竞争力的伟大企业，可能因为各种因素失去战斗力；过去无比稳固的资产，可能在旦夕之间成为一张废纸……

出于对未知道路的恐惧，很多企业家总是习惯于使用跟随战术，看到其他成功企业的做法，便全盘复制过来，全然不顾当时当地的实际情况，这样做的后果是很危险的。于是我们会看到很多人学到了一些概念之后，就幻想着立即开公司，幻想着立即上市，结果绝大多数都是昙花一现。

马云认为，经营一家企业，最重要的是脚踏实地，仔细地分析市场的行情，以及自身的优势和劣势，然后采取相应的策略，切忌盲目模仿和抄袭大公司。为什么呢？

首先，大企业和小企业的体量相差太大，因此抗风险能力不同。就像一头大象和一只兔子，大象可以三天不吃东西，兔子却不行。对于一个项目，大企业即便失败了也不会对自身产生太大的影响，然而小企业却没有这样的承受能力。

其次，一个企业成功的因素有很多，露出水面的只是其中的一方面而已，还有更多的因素隐藏在水下。只采取部分策略，你未必能成功。古希腊哲言说："人不可能两次踏进同一条河流。"更何况是企业呢！

最后，大企业和小企业创业时面对的外部环境不同，因此小企业不能完全照搬大企业的方法。遗憾的是，这种全盘复制现象在商业界屡见不鲜，很多人从原来的公司离职以后，出来创建了自己的企业，却总是有意无意地按照原来公司的方法去制定规章制度或发展策略。

阿里巴巴成功以后，也有许多人把阿里巴巴当成学习对象，把马云说过的话当成至理名言，全面学习阿里巴巴的经验。对此，马云曾经这样评价："似我者俗，学我者死。"这是唐代书法家李邕说的。马云引用李邕的名言，只是想要告诉大家：如果一个企业和阿里巴巴做得很像的话，就会成为一个平庸的企业；如果要学习阿里巴巴走过的道路，完完全全模仿阿里巴巴的策略，就会走向倒闭。

马云一直坚持一个观点，即企业的使命是为客户提供更好的服务，生产出符合消费者需求的产品。这样企业就会立于不败之地。面对日新月异的市场，我们只能以持续创新应对激烈的竞争。正如阿里巴巴的一位高管所说："阿里巴巴创新全部来自客户，我们不做客户不喜欢的创新，我们的创新在于解决客户的问题。包括马总在内的所有高管，无论工作多忙，我们都会去走访客户。"

世界是在不断变化的，给企业的生存带来了巨大的挑战，在激烈变化的环境中，企业的生存环境也变得十分恶劣。有数据统计，中国中小企业的平均寿命只有2.5年，集团企业的平均寿命仅7~8年。然而，即使是在这样的环境下，中国也依然诞生了阿里巴巴这样的企业。说到底，企业能否做强做大，取决于是否有足够的创新能力。一味地模仿他人，并不能让你变得更强大。

> **微语录**
>
> 如果把眼光全部放在别人身上，一味地模仿大企业，却忽略了自身的条件，是很难在市场上立足的。

拥抱变化，未来是拼出来的

> 阿里人，我们应该为自己骄傲！有几家公司敢在处于遥遥领先地位、业务快速发展之际，还能摆脱对优势的依赖，能有自我变革的意志和力量，实施主动调整。我相信，我们的团队经过这次分拆，会走得更好，变得更有效率，更加优秀。
>
> 阿里人，变化是痛苦的，没有一次变化会顺利发生。但我们必须变化，我们必须变化在变化之前。我们的商业模式从诞生的第一天起就和这个社会的发展和责任紧密相连，时代成就了我们，我们不能辜负时代。电子商务只是刚刚起步，要记住，我们今天追求的不仅仅是最佳的商业模式。既然我们有幸能参与改变商业历史的进程，我们还应该更积极地去推动和探索新商业文明的发展之道！
>
> • 引自2011年6月16日马云发给员工的邮件 •

人们总是将市场比喻为海洋，尚未开发的叫蓝海，竞争激烈的叫红海。海洋总是变幻莫测，前一秒艳阳高照，后一秒可能就是狂风暴雨。

市场也是一样,市场在不断变化,尤其是在互联网领域,稍不留神就有可能错失良机。作为一家互联网企业,阿里巴巴的核心精神就是关注变化、拥抱变化。

2008年,马云在APEC会议上荣幸当选了APEC理事会主席和APEC行动小组主席。他在发言中讲道:"昨天的已经过去,今天很多人在悲哀,事实上我觉得悲哀的都是既得利益者。假如没有这场变革,怎么会有中小企业?假如没有变革,我们这些所有垄断的企业怎么有利益在?所以说不破不立。"

现在来看,马云所说的似乎没有什么了不起的,但只有结合马云讲话的背景,我们才能对此有更深的理解。2008年,正是全球金融危机爆发的时刻,华尔街的一场金融海啸引发了全球规模的经济危机,即使多个国家的中央银行向金融市场注入巨额资金,也无法阻止股票的暴跌。在这场危机之中,很多人充满了绝望,对未来失去了信心。

然而,马云却从危机之中看到了机遇。2009年在"经济发展趋势与民企应对策略"论坛上,他说:"2008年我曾说过,一年后我们都会适应经济危机;今天,我感觉大家已经开始适应了,从在座各位的脸色上看,去年我看出的是恐慌,今年我看到的是坦然。我认为,做企业面临的第一个风险就是能否适应危机。"

当众人都在经济危机的席卷下仓皇奔逃时,马云却独具慧眼。他认为倒霉的一定是大树,小草却依旧能够活得好好的,为此他将目光重新锁定在小企业身上,继续为小企业提供优质服务。他取消了所有关于营业额和利润方面的考核,让员工在忘掉KPI的情况下,给出一个最真实的数据,这样的经营才是健康的。果然,在这场危机之中,阿里巴巴越做越好了。阿里巴巴制订了"出口通""春雷计划"等项目，专门为中小企业服务，这些项目不局限于帮助小企业做销售，还要解决他们的管理、资金等难题，让许多中小企业得以更好地应对这场危机。此外，阿里巴巴还先后推出了淘宝商城、"双十一"促销、阿里云等项目，在帮助中小企业的同时，也为自身的发展铺平了道路。

事实上，这已经不是阿里巴巴第一次面对经济危机了，可以说阿里巴巴就是在经济危机的阴影下诞生的。1997年，亚洲地区爆发了一场金融风暴，席卷了泰国、马来西亚、新加坡、日本、韩国等国家，造成亚洲许多企业倒闭。1999年阿里巴巴成立时，金融风暴的余威尚在，但是亚洲地区的制造业已经开始缓慢复苏。阿里巴巴就是在这种背景下成长起来的。

有一位哲人说："唯一不变的就是变化。"无论企业愿意与否，市场总是在不断变化的。我们身处一个不断变化的世界，所谓的稳定都是相对的，我们唯一能做的，只有积极地拥抱变化，以变化应对变化。

> **微语录**
>
> 世界无时无刻不在变化，只有热衷于改变和创新的人，才能在激烈的市场竞争中脱颖而出。

不能创造价值的创新没有任何意义

> 企业家的职责是创新,创新的主角是企业家。企业家是社会发展过程中的科学家,企业家是稀缺资源,我们可以培养职业经理人,但是不可能培养企业家。所以这一点希望大家记住,我们企业家就是野生动物,我们就是"原生态"。我们对很多问题的反思和思考,是跟别人不一样的,所以我们对创新的理解,也是不一样的。创新不是讲故事。如果你觉得靠概念可以成功,那么你最后得到的,还是一个概念;如果你觉得讲故事能成功,最后你剩下的,只是一个故事而已。
>
> 大家要记住,创新是逼出来的,没有人在顺利的情况下可以做好创新。创新是要付出巨大代价的,企业家是个状态,创新是有时间的。
>
> • 引自马云2015年12月31日在上海市浙江商会年会上的讲话 •

马云是个理想主义者,但是同时又极其尊奉实用主义。对待产品研发和创新，他的态度是企业创新必须以市场为导向，以消费者为目标，盲目创新和过度创新都是不可取的，因为客户不会从中得到任何好处。在创新的同时，也必须考虑到产品能够给客户提供多大的帮助，只有这样才能适应市场，在市场中站稳脚跟。

阿里巴巴是一家服务型企业，对于阿里巴巴而言，能够帮到客户，就是企业价值的体现。基于这个理念，创新必须遵守两个原则：一是一定要紧紧围绕着效益来做产品，二是技术创新的评价体系也要围绕着高效益来进行。唯有这样，才能使企业在市场中发展成熟，也才能使研发团队更快地成长起来，而不是整日埋头研究，两耳不闻窗外事。

正是由于这个原因，阿里巴巴的产品经理总是比其他公司的产品经理更加全能。他们不仅要对产品项目的开发负责，还要兼顾需求分析和战略思维，真正实现了产品生命线一体化的管理方式。通过这种方式，阿里巴巴使所有管理者都建立起了商品意识，将创新成果与实际应用结合起来。

那么，究竟怎样做，才能使创新不脱离价值呢？

1. 围绕市场需求去创新

企业的所有决策都不能脱离市场的需求。就算你的产品很有创意，设计远超同行，功能强大到无以复加，市场上却没有相应的需求，那么最终仍然会失败。美国的铱星公司就是一个很好的例子。铱星公司在20世纪90年代就设计了一套全球移动通信系统，他们的技术是当时最先进的，前后投入数十亿美元，却忽略了市场的不成熟，再好的技术得不到市场的支持，最后也只能宣告失败。

2. 围绕企业战略去创新

企业的任何一项创新,都应当围绕着自身的战略方向去做,以此确保研发出来的成果能够尽快转化为产品优势。如果违背了企业定位创新,那么这种创新对企业来说就是没有价值的创新。例如,让一家互联网企业去做蛋糕制作方面的创新,这个创新就违背了企业战略的定位,很难获得收益。尽管社会可能从中获得收益,但是对于企业而言,这样的创新就是伪创新。

3. 围绕用户体验去创新

围绕用户体验的创新,本质上是把技术和业务相结合。众所周知,用户是产品的最终使用者,用户对产品的评价,将会直接决定产品的命运。因此在创新的过程中,企业应当试着转换角色,从用户的角度看待产品,从中找出不合理的地方,并加以改进。

> **微语录•**
>
> 盲目追求创新,不一定能为企业带来价值,而且过于高昂的创新成本会给企业带来风险。

从"倒立"的角度重新看待问题

我看2019年,充满着机会、挑战。经济很好,可能你不好;经济很不好,肯定有人很好。什么叫战略?战略,是考核一个领导者对未来的判断力。什么是判断力?看问题的广度、深度、角度。经济不好,一定有不好时候的机会;经济好,一定有巨大的灾难。战略是对未来的判断力。战役能力是组织能力。战术是执行力,就是员工素质。很多企业家没有花时间培训员工、提升员工的能力。员工强大了,你企业才会强大。这些基本功,要做好。不要压力太大,不要看隔壁老王做得比你家好,其实他也很羡慕你,你不要觉得你很难,别人比你也好不了哪儿去。

我想提醒大家,2019年管它好和坏,只做好自己!该收身的收身,该调整的调整,该裁员的裁员,该加人的部门还得加人,认真从"眼睛往外"到"眼睛往内",也许这样我们的企业才会渡过难关。

· 引自2019年1月3日马云在世界浙商上海论坛会上的发言 ·

阿里巴巴早年有一种特殊的文化——倒立文化，规定每个进入淘宝的人，都必须在三个月内学会靠墙倒立。男性需保持倒立三十秒，女性保持十秒。马云规定，这个决策人人都要遵守，不管是高是矮，是胖是瘦，即便是公司的高管也不例外。接着，马云亲自做了一个示范，他靠在墙边，单手撑在地上，完成了一次倒立。

最初，这只是公司内部的一个趣味性比赛，但是比着比着，马云从中有了新的收获。他认为，倒立有两点好处：一是锻炼身体，保持健康；二是通过练习倒立，向员工传输一种鼓励创新的态度，促使员工对问题进行换位思考。马云曾说，倒立看世界，一切皆有可能。

"倒立文化"在阿里巴巴公司内部树立了一种勇于创新、不走寻常路的新理念。不同于传统企业的严肃文化，阿里巴巴是一家心态非常年轻的公司，总能用创新的理念和方式处理问题。马云说："一直有人说阿里巴巴的这个模式这样不好那样不好。我的经验是，创新要顶得住压力，挡得住诱惑。我们最早被人说是疯子，到今天被说成狂人。不管别人怎么说，我们坚信一定能成功，不在乎别人怎么看待我们，我们在乎的是这个世界的趋势，按照既定梦想一步一步往前走。"在他看来，创新总是不被人理解的，会受到无数的非议，要想坚持下去，就得做一个"狂人"，不要被常规思维束缚，要挣脱世俗，活出自我。

2004年，淘宝投资了1亿元，而eBay投资了700亿元，所有人都认为淘宝不敌eBay，但是马云却说："（投资）比例是1∶700，怎么看都打不过，但倒过来，却不一定会输。大象要踩死蚂蚁也很困难，因为蚂蚁不会那么轻易让它踩到，它跑来跑去，有很多缝隙可钻。大象踩不死蚂蚁，却有可能把自己的脚给弄折了，所以我不相信我们赢不来。"

马云对"倒立文化"的认识,还有另外一个层面:他认为人不仅应当有倒立的思维,还应当有倒立行动的能力。换句话说,必须具有独具一格的创新能力。

潇洒不羁的"倒立文化",为阿里巴巴注入了一股崭新的活力,促使阿里巴巴特立独行,不断打破常规,不按规则出牌,在与竞争对手过招时,经常做出令人意想不到的举动。因此,马云没有选择火热的门户网站,而是看中了别人未能做成的B2B模式;他没有专攻大企业,而是帮扶小企业;他没有虚张声势打造影响力,而是玩起了"西湖论剑"……这些都是倒立思维的表现。

> **微语录**
>
> 阿里巴巴的"倒立文化",是对传统企业文化的一种颠覆和创新,是一种独特的思维模式。

错误逼着我们不断创新

> 工业时代是靠规模取胜,信息时代、数据时代是靠创新取胜,靠个性化取胜。大数据会直接把大企业搞小、搞惨、搞破,把小企业搞灵活。那是个性化的时代。所以我觉得,我很高兴我们活在这个时代。我们公司很奇怪,从开始到现在为止,所有我参加的活动,我们公司内部的活动,我们都有记录,都有DVD录在那里,以备失败了被人家当案例查,成功了也被人家觉得当时这个决定怎么做。我说过很多话,阿里巴巴可能会失败,但是走阿里巴巴这条路的人一定会成功。我们失败,可能我们不聪明,我们没有变化或者我们变化错误,但是有人走这条路,一定会有成功,会帮助无数的小企业。
>
> ・引自2013年马云在斯坦福大学的演讲・

阿里巴巴的成功,让很多人把马云当成了精神偶像,他们被马云的智慧所折服。其实,马云并非完人,他也有犯错误的时候,他曾说阿里巴巴的很多项创新都是错误逼出来的。阿里巴巴的成功，不仅是众多员工和管理人员努力的结果，也是一系列偶然因素导致的。

1. 总部搬迁

阿里巴巴成功注册后，没过多久就获得了一笔巨额投资，高盛、软银等国际集团为阿里注入了2500万美元，这在当时是个天文数字。有了钱以后，马云做的第一件事就是搬迁总部，他把地址选在了上海。上海是中国的金融中心，也是国际大都市，马云认为将总部设立在上海将会为阿里巴巴的发展提供极大的便利。然而事与愿违，阿里巴巴没有在那里找到生存的土壤，只好重新搬回杭州。这个无意中的举动，反而让阿里巴巴变得与众不同。当其他企业扎堆在北、上、广、深时，阿里巴巴却死磕草根，成为一股清流。

2. 收购雅虎

互联网在国内刚刚兴起时，中国的搜索市场呈现三足鼎立的局势：谷歌、百度、雅虎。马云也很想进军搜索领域，他曾开玩笑地提道：做搜索是为了让百度睡不着觉。2005年，阿里巴巴收购了雅虎中国，但是随着新浪、搜狐、网易等门户网站的兴起，雅虎中国式微，被众多门户网站所取代，马云的努力也成了泡影。此路不通，马云只好改变方法，同网站采取合作的模式，包括与360、UC浏览器的合作。

3. 引进空降兵

马云曾经认为，阿里巴巴要想做成一家伟大的企业，就必须从外界引进高级管理人员，而原先一同创业的这些人，由于各方面的原因，只能当个中层管理人员。于是，阿里巴巴不止一次地从世界500强企业引进人才，例如卫哲、吴伟伦、谢文等。但是他们进了阿里巴巴以后，发现与阿里的企业文化不相容，又一一离职。接连受挫的马云不得不调整人才战略，他说："即使公司要关门了，我也绝不允许从外面招一个空降兵来担任公司的CEO。"而原先一同创业的人员中，倒有很多人一直坚持了下来，并且职位越来越高，成为公司核心管理层的一部分。

4. 支付宝私有化

作为一种第三方支付工具，支付宝从成立以来，就不得不面对三大挑战：信用卡套现、洗钱以及资金沉淀。为了确保自身的合法性，支付宝积极与中国人民银行（简称央行）沟通，并且每个月都会主动上交工作汇报。后来，电子支付市场越做越大，央行支付结算司发布了《支付清算组织管理办法（征求意见稿）》，对所有第三方支付企业进行监督，其中规定了资本门槛和外资比例的限制，而这一条与阿里巴巴的股权结构是冲突的，如果不解决这个问题，支付宝可能会在激烈的竞争中被淘汰。于是，马云做了一个决定，他在未经阿里巴巴大股东知会的情况下，将支付宝转入自己和阿里集团高管控股的公司，实现了支付宝的私有化，从而绕开了央行的限制。但是这一看似"创新"的举动，让马云背负了"不诚信""违背了商业原则"的骂名，还使他与雅虎和软银闹了矛盾。马云则认为："我们做了一个艰难、不完美但必须做的决定，也是唯一正确的决定。"

著名财经作家吴晓波曾经说,马云是中国商业界现在争议最大的一个人。第一,他做了很多大家看不懂的事;第二,他讲了很多大家听不懂的话。譬如说,马云总是向人们讲述自己的成功经验,但是当别人问他如何看待自己的成功时,他却又津津有味地说起了自己的失败经验。他在研究企业的失败案例上花了很多时间,只是为了从中找出经验,避免再一次犯错。

> **微语录**
>
> 如果一家企业的管理者失去了创造性思维,那么企业离失败就不远了。

马云在马来西亚吉隆坡"环球转型论坛"上的演讲

大家下午好。可否再把灯光调亮一些?我想看到大家的脸。我会害怕对着黑乎乎的一片说话。这次的行程有很多很棒的对话,我感触很深,让我想起了很多在我身上发生的事情。

1. 乐观、坚持、不抱怨的人生哲学

首先,我想说,我并不是个有天赋的人,我也没有受过培训。我也从来不听从妈妈或者老师的话,我经常会说,不不不。

博尔特前面发言所说,教练告诉他的每一件事情,他听了就相信。而对我来讲,从媒体上或者从其他人那里听来的事情,我会花2~3秒钟思考,这是对的吗?我能否做些不一样的?这是我自己培养的习惯。我不是一个有天赋的人,因为我失败了很多次。我用了7年才完成中学,人家都用5年,这是很糟糕的。每一个人都试着进好的中学,进大学,但我们都曾失败过,我是失败者中的一员。我想进重点初中、重点高中都

失败了，考大学我失败了3次，然后申请工作我失败了差不多30次。我记得，当我高中毕业的时候，因为没考上大学，我想在KFC找一份工作，24个人去面试，23个人被录取，我是唯一没有被聘用的。然后我试着去考警察，5个同学去考试，4个被录取，我又是那个没被录取的。当我们开始阿里巴巴创业之路后，我去硅谷试着融资，找了30多个投资人，没有一个愿意投给我们。

但是我觉得很有趣的事情是，我们犯了那么多错误，每一次失败，每一次被别人拒绝，我都把它当作一次训练。今天，当有人说，"我觉得很失望，因为我被这个公司拒绝了，我失败了"，我不赞同。对于我来说，如果被人拒绝，这是很正常的事情，你被别人接受才并非顺理成章的事情。

当我开始做生意的时候，是做销售。每天我都给陌生人打电话，出去见客户。每次出门之前我都告诉自己，我要见12个客户，很可能没有一个愿意和我合作。然后当我回来，如果确实没有机会，我说："看，我是对的吧，我就知道没有机会。"但是如果我赢了一个客户，我就是比预期做得好。所以每一次，我们犯的每一个错误，都是一个很好的、令你将来成功的基础。

有许多关于马云的书，关于阿里巴巴的书，但所有这些书都不是我写的。我不认为我应该写一本书。当有人开始写一本关于自己的书，那就是他老了，该退休了。但是如果有一天，我真的想写一本书，书名将是《阿里巴巴和1001个错误》。

是错误使我们与众不同。每一次我们犯错,我们学习、检查自己。我们失败是因为别人的错?其实我们每一次失败都是自己的错。关键是犯了错之后如何改正,如何下次做得更好。在中国,我和很多企业家分享我的经验和想法,我想告诉他们从别人的失败中学习。我的培训过程就是失败的经历。你知道,我接受的培训是做一个高中老师,我一天都没有受过商学院的培训,我绝对不是一个"合格的"MBA的学生。

这些年我看到很多人去学MBA。他们去之前非常聪明,但回来时都变蠢了。因为他们想,这是教授教的,这是经济学家讲的。他们去之前思维非常活跃,但回来时思维似乎僵化了。

我在中国设立的湖畔大学是培养企业家的,我们用的大部分案例都是失败的故事。为什么失败?大多数人都会失败。商场如战场,生存下来的人才是赢家。所以当你做生意的时候,你得从别人的错误中学习。

大多数错误,你看了会觉得那个家伙怎么那么傻,他怎么能犯这样的错误。其实你也会犯同样的错。所以我努力教我自己。我读过很多很多的案例,人们为什么失败,我不断地意识到,这家伙这么聪明,而他失败了,为什么我会有机会赢?你了解越多,你会变得越积极。

另外我想和大家分享的是,要用自己的思想来思考。你的教育、你的背景以及你拥有的经验都令你变得与众不同。你不应该永远跟随别人走,你应该遵循自己的规则。

当我要与有经验的人竞争时,我对自己说,等等,请给我30年,他会变老，我就拥有了机会。当我与比我富有的人竞争时，我对自己说，15年后，我会准备好，那时让我们再竞争。所以，你总是有机会获胜的。

如果你不太可能遇到世界上很多成功人士，那么我们来看看他们是怎么成功的。比尔·盖茨、沃伦·巴菲特，甚至史蒂夫·乔布斯等，我发现这些成功的人都拥有具有魅力的性格，像候赛因·波特一样。他们乐观，他们从不抱怨。如果你不乐观，你就没有机会赢了。

如果你抱怨，我年轻时也会常常抱怨；我抱怨道，当我想做软件，比尔·盖茨已经做了；我想做这个，那个家伙也已经做了；当我想做鸡肉时，肯德基比我们做得更好。而且我们总是想像比尔·盖茨一样成功，但这是不可能的，这世界上只有一个比尔·盖茨。很多人会说，比尔·盖茨没有完成哈佛的学业，我也应该离开哈佛。但是只有一个比尔·盖茨。

所以，我发现那些总是乐观的人，他们总是看到更光明的未来，他们甚至不会抱怨。因为当人们抱怨的时候，他们正在失去机会，并且被抱怨遮挡了思想。所以我从其中学到了，当世界充满了抱怨的人，那么这个世界处处都是机会。你可以解决人们抱怨的问题，那是个很好的机会。而且我发现我的很多高中、大学朋友，这些年我遇到他们，唯一发现的是，他们总是在抱怨。

请不要笑，我们有很多人都在抱怨这个世界。这就是为什么这些人永远止步不前。我们必须考虑，我们如何解决这个问题。我认为世界变化如此之快，我们无法阻止。这是最好的时光，也是最糟糕的时光，都取决于你的态度。

我认为这是本世纪最好的时光，此时人类从未如此幸运。有一天你看到金融危机发生了，你拥有了这个，你拥有了那个，你会面临各种各样的问题，但我看到的是，这些都意味着大事件正在发生。在这个时代，我们很幸运，在这一刻，我们就是他们。

2. 未来30年才是互联网时代

我认为三次技术革命都从根本上改变了世界。第一次技术革命，工业革命改变了世界。生活在那个时代的人们很幸运。第二次技术革命也是如此，为人类带来了大量机遇。现在是第三次，我们很幸运。每一次技术革命发生，社会都会有巨大的动荡。它会摧毁很多工作机会，但也带来了大量工作机会。

我认为，每一次技术革命大约需要50年。前20年是关于技术本身，后30年是这种技术的应用。所以，第一次，第二次，这是第三次。

第三次技术革命——互联网刚刚过去了20年。未来30年对任何国家、对任何人都至关重要。无论你喜欢与否，会有大量好工作——今时今日你所认为的那些好工作会消失。

新的事物正在发生，有趣的事物正在发生。所以，过去20年被称作互联网技术，未来30年被称作互联网时代。这正是我想要对所有年轻人发出的号召。

请留意那些30岁以下的人，留意那些少于30人的公司。我认为阿里巴巴能够成功的原因，正是19年前当我们开始这项事业，以及15年前当我们开始做淘宝、开始B2C模式的时候，说服人们来使用互联网在当时非常困难，尤其是新服务，没有人想要尝试。

不成功的人们、想成功的人们，让我们来帮你。我们认为我们应该帮助那些不成功的人，聚焦在年轻人身上，从他们18岁甚至15岁开始。

过去在中国，如果你能说服长者，年轻人就会跟随。而在今天，如果你说服了年轻人，那么父母将会跟随。如果你改变了年轻人，你就改变了未来。如果你相信未来，你应该相信年轻人。所以15年前，我们将大部分时间投入20岁以下的年轻人身上，如今他们已经35岁了。他们上网获取资讯、上网购物、上网做生意，都是理所当然的。

所以我们认为，再给他们10到15年时间，他们将成长为部长，他们将成为总统，届时世界将会发生改变。所以这是我们所相信的，我想告诉在场所有的年轻人，这是你的时代。

如今，很多人抱怨互联网摧毁了大量的生意，但并不是互联网摧毁了生意，是落后的思维、态度、封闭自己摧毁了他们自己。我想说的是，人们说技术摧毁了就业，我说"不"，每一次技术革命都会创造更多的就业机会，比人们想象中更多，技术创造出了不同的工作。这是我们，这是中国和亚洲的机遇。

3. "五个新"将会改变世界

我认为有几种新技术、几项新趋势将会改变世界。比如新零售、新金融、新技术、新制造以及新能源。

这"五个新"即将发生,即将在未来10~20年改变每一个人、每一个行业、每一家企业。那什么是新零售?今天我们说电子商务,中国正在快速增长,但传统零售业运作不佳。

中国电子商务增长如此之快,增速超过美国的原因之一,就是美国的传统零售业非常之好,基础设施非常之好,互联网无法渗透进去。但在中国,传统零售业做得并不好。我认为马来西亚、印度尼西亚也是如此。因为这种不好,互联网成为一种新技术,我们就利用互联网来优化新零售,并且让它迅速成长。所以我说,电商在美国只是一道甜点,而在中国是主菜。

什么是新零售?它意味着线上、线下加上物流,所有这一切融合在一起,才是新零售。所以在未来的10~15年,不再有线上、线下分别。所有的线上、线下将融合在一起。

什么是新制造?在过去的几个世纪,制造业意味着可扩展性,越大的规模越好。但当你看到沃尔玛,你看到流水线、标准化和低廉的人工成本。现在制造会定制化,每一样东西都应该是定制化的、智能化制造的。很多事情将会改变。当给一部手机装上一个操作系统后,打电话只占了20%的功能。今天手机80%的功能,不是打电话。

想象一下，如果我们在汽车上装一个操作系统，或者我们把一个操作系统内置于一盏灯、一个电冰箱或洗衣机，世界就发生改变了。所有的事情都会产生结果。同样的，新制造将让很多行业发生改变。今天，如果你的行业是基于流水线、标准化、低成本、低价值、低价格，你不会有未来。

第三个是新金融。在过去200年，金融行业奉行"二八原则"。他们做的所有事情只是为了那20%的人群，大公司、跨国企业、富有的公司。他们不在意剩下的80%的公司，那些没有金融服务支持的中小企业。新金融就是要运用数据技术，运用新科技，赋能这从未被顾及的80%的中小企，以及那些一直没有金融服务触达的普通人。这是互联网带来的改变，我也相信很多大型银行、传统银行会转为拥抱这样的改变。

今天，传统银行不是为80%的市场服务的，也不是为80%的消费者服务的；但是这股新浪潮将比你想象中还要来得快。移动技术、移动支付快速发展。来看看今天的印度，在短短两年内，我们在当地的合作伙伴已有两亿使用移动支付的用户，他们用手机来支付和取钱。所以，如果你使用传统的方法，这几乎是不可能在两年内发生的。新的金融机构将会改变这个局面，新的金融体系将会改变这个世界。

接下来是新技术。在亚洲，我们错过了信息技术（IT）时代，今天我们在数据技术（DT）时代。我认为，从IT时代到DT时代，这是完全不同的概念。IT试图让你变强，赋能自身。而DT则是为了使其他人变强。DT是如此强大。在IT时代，亚洲失去了机会。我们没有IBM，我们没有微软，我们没有思科，我们没有Intel芯片。但在DT时代，我们有机会获胜。我认为，对于亚洲与小企业来说，特别是互联网技术落后的国家，这是我们的机会。今天我们的手机比20年前最强的个人电脑更加强大。来看看亚洲，看看马来西亚、印度尼西亚、菲律宾，如此多的农民都在使用手机。如果我们可以使用移动技术，收集数据，事情将发生改变。

所以我们应该努力用DT实现发展，而不是使用IT的方式。什么是移动技术？什么是数据技术？什么是人工智能或机器学习？这些是我所思考的事情，亚洲人可以从中发现很好的机会。

最后，我想说的是新能源。第一次技术革命的能源是煤炭，第二次技术革命的能源是石油。这个世纪、下个世纪的能源是什么？是数据。没有数据，任何事情都无法做成。而且我想告诉在场的所有年轻人，不要说你没有像你的父亲那样的机会。你父亲可能没有"五个新"所带来的机遇。如果你从现在开始学习，从现在开始准备，你可能在10年后取得成功。也许你无法在明天成功，但如果你准备好了，如果你相信未来，相信技术，相信技术革命将会改变世界，现在就做。10～15年后回首，今天的你并非由昨天决定，而是由10到15年前你所做的事情、你的努力所决定。所以，15年之后你的生活，正是今天你的决定和努力所决定的。

4. 技术革命是未来三十年的趋势

我们无法选择出生在怎样的家庭。如果你碰巧出生在比尔·盖茨家族,你很幸运,但不可能。我们无法决定出生在何处,但我们可以决定我们死在何处、以何种方式死亡。如果你想死在监狱里,很简单。如果你想去世时有很多朋友,你必须交到很多朋友,你必须改变你的性格、你的价值观。而我知道,我不想死在我的办公室里,我会退休,会死在海滩上。

生活不是关于工作。生活是你来到这个世界,在这里的一段旅程。我相信我们来到这个世界是来度假的。好吧,我想有一件事不管你喜不喜欢都会到来,就是这个世界的变化比你想象中快得多。很多事情会改变。正如我说的,很多白领的工作正在消失。如果你是做数据分析的人,或者你正在学数据分析,现在数据分析是热门工作。但是我要告诉你,未来十年会没有数据分析。机器将会比你做得好得多。过去的20年中,我们把人变得像机器;未来20年,我们将让机器变成人。机器会比人更强大,比人聪明。8年前我告诉我的团队,我说30年后,最好的CEO、《时代》杂志的封面将是一台机器。不管你喜不喜欢,我们看吧,如果我们还能活30年。因为在过去的几个世纪,人们专注于生意,专注于制造。未来30年的业务核心在于创造力。因此,很多事情已经改变了。教育,我认为不能只教知识。机器学知识更快。人们比较谁更聪明,这个人记忆力很好,记得每个字、每句话,他非常聪明,能记得所有东西。我告诉你,机器的记忆比你好。它们可以快速计算,机器的计算比你快,机器永远不会生气、永远不会累,而且总是能比你做得更好。所以,如果将来你想与机器竞争谁更有才能,你不可能会赢。

要如何与机器竞争？我认为，我们应该教会孩子文化、价值观。这些是人类可以胜过机器的东西。教育的重点是想象力、创造力和团队精神。我们应该教孩子音乐、运动，运动让孩子们明白什么是团队合作，音乐和绘画让孩子们了解什么是想象力和创造力。如果我们不改变我们教育的方式，我们会面临很大的麻烦。我们的孩子会抱怨。这不是他们的错，而是我们的错，是我们没有这样做。

所以我相信，未来不会是知识的竞争，而是智慧的竞争、经验的竞争。你应该怎样在这样一个移动互联网时代、在这样一个复杂的世界生存下来？

今天人们担心机器变得更聪明，它们下棋比我们好。"天呐！我要怎么办？"我从来不为此担心。为什么要担心呢？机器，我不喜欢人工智能，这个世界，对我来说，人工智能就是阿里巴巴的洞察力。尝试教一台机器做一些人类可以做的事情，这不是人工智能，这只是对人类的侮辱。机器应该做人类做不到的事情。这才是我们应该做的。

所以，我相信这不是人工智能，应该叫机器智能，因为只是做一些人类不能做的事情。就像汽车一样，我们知道汽车可以比人类跑得快，但是我们从来不会做一部模仿人类的汽车。如果你把轮子设计得像人类的腿，它不可能跑得快。因为它是轮子，而人类没有轮子。让我们做些不一样的东西，计算、大数据以及其他的东西，我们必须明确一点，人类不是机器。我是一个乐观的人，我们永远能胜过机器，不用太过担心。我从不担心科学家们担心的大部分东西，我从不担心总理们担心的事情，我只担心我会担心的事情。因为在阿里巴巴，每天要担心的东西已经够多的了。

5. 企业家是社会科学家和艺术家二者合一

接下来我想说的是，我经常听到年轻的商人、年轻的企业家说，我没有李嘉诚那样的机会啊，我没有郭鹤年先生那样的机会啊。我告诉你一件事，他们在被称为企业家的时候可能没有你这样的机会。

什么是企业家？我的理解是，企业家是社会科学家和艺术家二者合一。你必须是一个社会科学家，你必须了解人——人的行为、人的需要，你必须改变自己。企业家也必须很艺术。如何组织团队？我成功的原因并不是我很聪明。我认识一些很了不起的人，他们知道如何与别人一起工作。那些了不起的人和我将了解社会和人们的需要。所以如果你想让你的公司更成功，你必须展示出你为社会解决了什么大问题。你为社会解决的问题越大，你的机会就越大。你就会更成功。

如果你为你的村子解决了问题，这就是一个村庄的公司。如果你为你的省份解决了问题，它就是一个省份公司。如果你为国家解决了问题，你就是一个国家企业。这个责任取决于你如何为之工作。

企业家会如何转型？企业家将会互联网化，成为互联网化的企业家。我相信在未来20～30年，至少90%的生意将会在线上。如果你不知道如何在网上做生意，那就是一个小生意，你只能做本村的生意。你的业务规模取决于你所在地区能触达多远。所以今天当你使用互联网，你可以接触到全世界的其他地方，跨国家、跨省。你知道，尊重其他文化，为别人创造价值。

未来30年，世界不属于互联网公司，而是属于那些能更好地使用互联网的公司。这是我们的机遇。你不需要懂技术，但是你要知道怎么用技术，并且运用好技术。我并不会尝试去做一个工程师。直至今天，我也不了解电脑为何能运作。但不知道不要紧。我觉得只要你懂得赏识和欣赏懂技术的人，让他们了解这些。

我曾经是一个小企业的产品测试员。世界上大多数的小企业都很畏惧高科技。当他们听到"高科技"这个词，他们会避而远之。我会是产品测试员，当工程师完成一个产品，我会来试用。如果我不能用，我相信80%的人都不能用，就把它当作垃圾扔掉。如果我可以用，说明是一个好产品。我不希望手动调节任何东西，我希望是简单轻松地点一下，就完成，得到你想要的。

6. 要想成功，必须具备情商、智商和爱商

人们说，你是一个企业家，你要有钱。钱不是必需的。不是钱改变世界，如果钱能改变，就没有我们的机会了。阿里巴巴在第一个10~15年存活下来的重要原因，是因为我们没钱，尤其在第一个5年。我们不像其他公司一样融资到那么多钱，我们每一分都花得很小心。大多数的公司在泡沫时代都阵亡了，不是因为他们没有钱，而是因为他们有太多钱。你想要聘用大公司的优秀人才。但是如果你的公司没有

准备好，你却请了跨国企业的专业人才，你等于是在自杀。不要这么做。这就好比我们把波音747的引擎装进一个拖拉机，它会毁了你的拖拉机。相信我，我在这上面犯过很多错误。所以，当你没有钱的时候，你不会犯这样愚蠢的错误了。最好的人才不是在外面，而是在你的企业内。他们相信你，相信你的想法，所以愿意花时间去实现。很多人喜欢把钱投资在设备和机器上，但不愿意花钱在雇员身上。把钱投在雇员身上，给他们机会发展，和他们分享所犯过的错误，听听他们的错误，一起工作，这将使你的企业发展得更好。

人们会问：哇，阿里巴巴是如何找到这么多人才的？15年前，当我们成立这家公司时，在头三年里我们招不到任何人。人们说，互联网，阿里巴巴，多么奇怪的名字。我们没有钱，没有乐趣，是无名之辈。所以我们说，我们很难雇到人，我们只雇用那些没那么残疾的人。

在中国的公司里，几年后当人们有一定资历，变得强大时，他们开始被猎头看中。猎头开始在我们这里寻找人才，他们把我们的优秀人才挖走了。那些好的人，都被挖走了。那些不那么好的人，没有人去挖他们，他们留在了公司，变得非常成功。

据我了解，在许多培训中，人们说，他是互联网专家，甚至在DT时代到来之前，我们已经有了很多数据专家。我不知道数据专家在哪里。所以，我认为没有人是熟知未来的专家。未来的专家是你自己从所花的时间和从经历的磨炼中学习得来的。

这是我所相信的未来，我相信在未来，智商（IQ）和情商（EQ）都是必需的。如果你想成功,你应该有情商;但如果你不想失败,你应该有智商。这是有区别的。你想成功,你必须拥有情商,因为这些情商很高的人,很容易完成交易,因为他了解人们并和大家一起工作,但很多人因为缺乏智商而犯错误。

不管你多聪明,世界上还有很多比你聪明的人。所以如果你想有最好的智商,雇用智商高的人,人才是决定因素。与他们一起合作的同时,提高了你的智商。如果你想得到尊重,很多人赚钱,但没有得到尊重。我们有很多这样的人。那就关乎爱商(LQ)。

所以对于想成功的人来说,这些问题至关重要:智商、情商、爱商。

7. DT时代的重要特征是体验

世界正在变化,我认为未来30年,不是力量的竞争,也不是知识的竞争,而是用户体验的竞争、对他人关怀的竞争,你如何赋能你的员工,如何赋能其他人、赋能客户和赋能女性。女性越来越重要,我们公司的秘诀之一就是女性。我们的女性员工占比达到47%,高级管理人员中有33%是女性。

我从来不觉得这有何奇怪。有一次,一位来访我们办公室的美国记者问:Jack,为什么你的公司有这么多女性?我说:是吗?我从来没有意识到。互联网,这就是我们在互联网上能成功的原因。

有趣的是,如果你有很多工程师,但也许没有具有创造性和关怀他人的女性。女性比男性更加关怀别人。男性关心自己的权力、升职和加薪。女性照顾孩子、父母和丈夫。她们知道如何改变自己，来确保他人也能好。如果你有这样的品质，你就有成功的机会。

所以我认为21世纪的女性领袖会是这样的，不是政治领导人，不是商界或文化界的那些领导人。我坚信，如果你想让公司可持续发展，那就聘请更多的女性吧。

我不是像政客那样说话，我用我们的公司证明我的话。我们这个在中国的高科技公司，近50%的员工是女性，33%的高管是女性。顺便说一下，我们有超过50%表现很好的线上卖家是女性。在传统的方式里，女性成为一线卖家是没有机会的，但是在互联网上人们只关心你能不能提供更好的服务。他们不会说：啊，这是个女人。

好了，最后，在我们回答问题之前，我有很多东西要与大家分享，很抱歉我说了那么久。当我有机会跟企业家说话的时候，我总觉得就像和自己谈天。我与小企业、年轻的企业家谈话的时候会觉得很舒服。与企业家说话的时候，我感觉，我们是同种动物。跟大公司说话的时候，他们谈的是竞争、收入和利润。当我跟小企业说话的时候，我们谈论的是梦想，我们谈团队、谈客户。好了，所以，这场技术革命是非常可怕的。这取决于我们如何利用它，如何一起工作来解决重大的社会问题。

第一次技术革命改变了世界，却引发了第一次世界大战。第二次技术革命同样影响了世界，也同样衍生出了第二次世界大战。今天，我们正处在第三次技术革命中。第一次技术革命让人们的双手、双臂、双脚都更强大。第二次技术革命，人们开始远程旅行，火车、飞机，大家希望获得更多东西，人变得贪婪，去宇宙、登月，但这次技术变革是在这个世界之内的变化。

人们应该了解自己。今天，我们去月球，我们试着探索火星，我们从来没有看到人类内部。我觉得，这次的革命是解放大脑的。如果我们不能很好地处理这件事情，它会变成世界的大麻烦，第三次世界大战会发生。这个战争不会是在人之间发生，而是人们与贫穷、与环境、与疾病的抗争。如果我们善用技术和数据，人类会变得更好。

所以我认为，对于互联网以及未来30~40年的电子商务来说，如果你想让你的公司去帮助别人，那么整个商业世界都将是包容的。商业世界将是可持续的，让人们感到快乐和更加健康。

这就是未来。你的公司将会很棒。所以我将其称为幸福与健康，即Double H战略。这是所有人类所追求的。你所做的一切，都是因为数据和技术。如果你能使你的雇员、团队以及客户快乐、健康以及可持续发展，那么你的公司将前途无量。谢谢大家。

（2017年3月23日）

·戚风·

资深传媒人，经管励志类畅销书作家，策划和出版过《麦肯锡商务沟通与文案写作》《深度管理21法则》等畅销书。他的作品立足于实际，用最朴实的语言，深入浅出地介绍了当前最为流行的理论和观点，有很强的亲和力与说服力。

阿里巴巴管理法

责任编辑：蒋丽华　　见习编辑：顾　熙
装帧设计：尧丽设计　　策　划：花　火　曾柯杰

微信公众号：阅读醉时光